LE TRAVAIL D'APRÈS SAINT PAUL

E. BERNARD ALLO
DOMINICAIN
PROFESSEUR A L'UNIVERSITÉ DE FRIBOURG

Le Travail d'après Saint Paul

PARIS
P. LETHIELLEUX, LIBRAIRE-ÉDITEUR
10, RUE CASSETTE, 10

AVANT-PROPOS

La thèse de cette brochure a d'abord été développée en conférence, il y a un an, dans la cité travailleuse de Mulhouse, où m'avait gracieusement invité le comité de la Société Gœrres. Elle y fut favorablement accueillie, et je m'aperçus bien que mes auditeurs n'y trouvaient pas seulement un intérêt historique. Cette figure de saint Paul, dont la parole transforme le monde pendant que ses bras peinent au travail le plus vulgaire, elle n'est pas seulement d'une grandeur passionnante, paradoxale ; elle renferme, ou plutôt elle est, un enseignement moral et social resplendissant de vie, et saisissant d'actualité. Quelle clarté, quelle force de conviction directe et entraînante prend cette partie de la doctrine évangélique, quand c'est saint Paul qui nous l'enseigne, non en raisonnements, mais en sacrifices, non par des phrases, mais par sa pratique de tous les jours, remise subitement sous nos yeux !

Comme il serait bon pour les penseurs et les hommes d'œuvres de fréquenter davantage l'Apôtre qui est leur Apôtre ! On ne le lit pas assez, ou on le lit trop abstraitement. Pourtant, quand on a médité ses écrits et son histoire, on pénètre infiniment mieux l'Evangile. Une fois que l'on connaît moins vaguement son milieu historique, que l'on s'est initié au caractère original de son langage (un peu déroutant au premier abord, mais seulement parce qu'il est presque trop spontané, aussi peu systématique que la vie réelle), on devient aussitôt son ennemi si l'on est un égoïste et un païen, — Renan fut de cela un exemple, — mais on est séduit, conquis par cette personnalité, si l'on est de ceux qui veulent sincèrement vivre de la vie du Christ. Saint Paul, s'il n'y avait, au-dessus de tous, un Homme-Dieu, dont il n'était que le disciple et le reflet, serait le plus captivant des maîtres, et peut-être le premier de tous les héros. Je ne crois pas qu'une figure historique soit plus capable que la sienne d'entraîner les jeunes catholiques d'aujourd'hui, qui veulent être des hommes d'action. Il les séduira d'autant mieux, ce saint de génie, qu'il eut, à un degré merveilleux, les qualités que nous goûtons le plus à présent : je ne veux ici mentionner que le caractère très positif de son esprit, éloigné de toute chimère et rêverie endormeuse, son sentiment très net du réel, joint à une chaleur de cœur et à une jeunesse d'âme, qui éclate jusque dans ces lignes où lui-même se qualifie de « vieillard ». Où trouver aussi des leçons plus parlantes d'obéissance absolue au Christ, — ou pour nous à l'Église, car c'est tout un, — et en même temps de cette indépendance, et de cet

amour d'autrui, de cette abnégation, sans lesquels les plus belles théories de moralité sociale
restent de vains exercices intellectuels, des lignes
noires sur papier blanc ?

C'est pourquoi, encouragé par le directeur de
la Revue de la Jeunesse, je me décide à présenter,
condensés dans cet opuscule, les traits multiples
de la vie de saint Paul qui nous montrent comment
elle fut, par le fait, un apostolat social. Ces traits
dispersés dans les Actes et les Épîtres, où ils pas-
sent fugitivement et comme par hasard, échappent
pour cela à beaucoup de lecteurs ; mais, une fois
qu'ils sont rapprochés et réunis, on se rend
compte de la place très grande qu'occupait dans
la vie de l'Apôtre le travail salarié, et de l'importance des conclusions qu'il en tirait pour tous au
sujet de l'obligation et de la dignité du travail. Il en
découle immédiatement un enseignement « social »,
applicable proportionnellement à toutes les époques.
Ce n'est qu'une application de l'Évangile ; mais
cet enseignement est plus précis que dans les paroles ou récits évangéliques, à cause même des conditions plus complexes de ce monde païen où saint
Paul exerçait son apostolat. J'ai donc idée que, à
prendre sous cet aspect la question de la « sociolo-
gie de l'Évangile », on lui donne la forme la plus
instructive en même temps que la plus saisissante,
et que les Cercles d'études, par exemple, trouve-
raient un grand profit à bien considérer cette sug-
gestive histoire. Elle est la meilleure réfutation de
l'inintelligente calomnie, socialiste ou moderniste,

qui représente les fondateurs de notre religion comme ayant, dans leur unique préoccupation de l'Au-Delà et du salut individuel, absolument négligé tout enseignement de portée sociale ; c'est au contraire l'Évangile qui a apporté tous les germes d'une meilleure justice, et d'un progrès indéfini des sociétés. L'exemple de saint Paul le prouve lumineusement.

Pour bien faire voir que je ne fais pas d'apologétique tendancieuse, j'ai joint au corps de l'opuscule des notes assez étendues et précises, tant sur l'origine de Paul que sur l'état des sociétés que son enseignement a renouvelées. Celui qui n'a souci que des conclusions peut se dispenser de lire ces notes. Elles sont cependant fort utiles pour montrer comment j'ai été forcément amené à des affirmations aussi catégoriques sur l'influence rénovatrice du grand Apôtre dans l'ordre social. Là aussi, c'est surtout de lui que le Christ s'est servi pour réaliser une « seconde création ».

Puisse saint Paul bénir cet essai, et beaucoup de mes jeunes lecteurs se passionner pour la méditation directe de ces sources inspirées où tout est dit, en somme, sur les principes chrétiens de la question du travail !

Fribourg, janvier 1914.

BERN. ALLO.

LE TRAVAIL D'APRÈS SAINT PAUL

CHAPITRE I

Les premiers chrétiens partageaient-ils contre le travail les préjugés antiques ?

Il y avait dans l'antiquité, en Asie-Mineure, une grande cité industrielle appelée Tarsos. Elle subsiste encore, sous un nom à peine modifié, Tarsous, dans le vilayet turc d'Adana. Au temps des Romains, Tarse était un centre de culture intellectuelle, renommé pour ses écoles de rhétorique. Mais les métiers y florissaient aussi, surtout dans l'industrie textile. On y fabriquait ces fortes toiles de chanvre bonnes à faire des tentes, des voiles de navire, des housses ou des matelas, ou encore les *cilicia*, cette spécialité de la Cilicie, gros tissus de poils de chèvre où les fellahs contemporains se taillent encore des manteaux. Or, peu avant le milieu du Ier siècle de notre ère, vivait là un homme robuste et jeune encore, de race juive, qui, non content de s'être initié à Jérusalem aux subtilités rabbiniques, avait appris le métier de tisserand. Après avoir été, en Palestine et à Damas, le héros d'événements extraordinaires, il quitta définitivement Tarse, sa patrie, où il était rentré pour quelques années, afin de s'établir en Syrie, à Antioche. De cette capitale il s'éloigna plusieurs fois, et pour des années durant, dans le but de faire ce qu'on pourrait appeler « son tour du monde ». Là où il pouvait trouver de l'ouvrage, il s'arrêtait et se mettait à tisser. Il tissa ainsi pour gagner sa vie, il tissa avec ardeur, « jour et nuit », nous dit-il, en différentes villes d'Asie, de Macédoine, de Grèce. Mais il faisait en même temps quelque chose de mieux que d'entrecroiser des fils de chanvre ou des poils de chèvre : il tissait un réseau d'idées dans lequel tout le monde civilisé devait se trouver pris un jour, pour son bonheur. Ce tisserand, chez ses compatriotes juifs, s'appe-

lait Schâoul ; chez les Grecs et les Romains
— il était citoyen romain — on le con-
naissait sous le nom de Paul ; enfin nous,
chrétiens, nous l'appelons d'un des noms
les plus grands et les plus vénérés qu'il y
ait dans toute l'histoire : Saint Paul. C'est
de cet ouvrier-là que je veux parler : nul
n'a fait autant que le tisserand-apôtre Paul,
pour convaincre l'humanité de la noblesse
du travail des mains.

Ce n'était pas chose facile.

Aujourd'hui, quand on parle de l'obligation du travail, de sa dignité, des droits
des travailleurs corrélatifs à leurs devoirs,
il semble qu'on énonce de vrais « truismes ».
Il semble que chacun doive comprendre
sans explication la portée de ces expres-
sions, dès lors qu'on sait ce que « travail »
veut dire, et ce que signifient obligation,
dignité, droits, devoirs. Cependant tout
le monde ne pense pas encore ainsi : les
nègres, les Hottentots, les Peaux-Rouges,
les Arabes eux-mêmes considèrent, non
seulement comme plus agréable que de
travailler, mais encore comme infiniment
plus digne, de se croiser noblement les

brás. On dira que ces peuples ne sont pas ce qu'il y a de plus cultivé ni de plus judicieux parmi nos frères humains. Sans doute ; mais souvenez-vous que nos ancêtres par le sang, Celtes et Germains, jugeaient en cette matière à peu près comme les nègres. Bien plus, les ancêtres de notre civilisation, Grecs et Latins, n'avaient pas sur ce point-là d'idées sensiblement plus élevées, au moins pour ce qui est du travail manuel. Le mot d' « œuvres serviles » est demeuré, en dépit de la transformation complète apportée dans nos conceptions par la civilisation chrétienne, comme une survivance de cette époque-là ; et un tel mot en dit long. Il rappelle qu'autrefois, dans les sociétés les plus avancées, travailler de ses mains était considéré comme occupation d'esclave. Il semblait regrettable, presque anormal, qu'un homme libre dût avoir un métier. L'esprit le plus puissant et le plus pondéré parmi les philosophes antiques, celui qui nous donne la pensée la plus consciente de l'élite hellénique, Aristote, énonce à ce sujet des théories dont la simplicité est pour nous stupéfiante.

Selon lui, l'humanité se compose de deux classes d'êtres fort inégales, différentes même de nature : au sommet, ceux qui, nés pour une vie vraiment humaine, s'adonneront aux nobles occupations de la spéculation philosophique ou du gouvernement des cités, et, pour conserver parfaite la liberté de leur esprit, n'emploieront à rien leurs mains, si ce n'est occasionnellement au maniement des armes; au-dessous d'eux l'immense majorité, qui n'est pas faite pour réfléchir ni pour se diriger elle-même, mais uniquement pour fournir aux autres le moyen de vivre convenablement à leur guise ; ces sous-hommes s'adonneront, eux, à tous les travaux fatigants nécessaires pour nourrir, vêtir, amuser les privilégiés, et ils n'ont guère besoin d'autre vertu que d'être habiles et zélés dans le service de la classe des surhommes. Aristote semble regretter qu'ils ne soient pas tous esclaves, et qu'il y ait des artisans libres ; il voit de mauvais œil qu'ils aient part au gouvernement de la cité, comme dans la démocratie athénienne. Et même, si l'on va au fond de sa pensée, on constate avec surprise qu'il étend son dédain à tous ceux qui gagnent leur vie par un travail rétribué, que ce soit dans l'industrie, le négoce ou les beaux-arts. Travailler pour vivre est une tare aux yeux de ce roi des philosophes. Pour lui, l'existence humaine normale et digne, est donc celle d'un homme du monde qui a beaucoup de loisirs, du dilettante distingué s'occupant de philosophie et de politique à ses heures ; il va jusqu'à émettre le singulier paradoxe de réserver à ce dilettante le monopole de la vraie vertu, dont il a pourtant si bien parlé.

Pour être tout à fait juste vis-à-vis de la société antique, je dois cependant dire que chez certains peuples, dont la fortune s'était faite par l'industrie ou le commerce, et qui n'étaient d'ailleurs ni très intellectuels ni très guerriers, l'opinion moyenne envisageait la question avec moins de hauteur aristocratique. Ainsi les Phéniciens, les Carthaginois et aussi certains Hellènes, avaient été essentiellement des commerçants, fort entendus et fort actifs ; les Romains belliqueux, aux meilleurs temps de la République, avaient, comme en témoigne encore le vieux Caton, attaché beaucoup d'importance aux travaux agricoles surveillés ou exécutés par le propriétaire lui-même. Les Israélites aussi estimaient l'agriculture, et leur religion divinement révélée les eût du reste empêchés de tomber dans l'erreur morale des Grecs. Toutes les sociétés, quand elles se fondent, ont besoin d'estimer au moins certains travaux. Mais tout cela appartenait à l'histoire du passé. Si les peuples de l'Orient pouvaient encore passer pour des nations travailleuses, ils étaient méprisés des autres justement à cause de cela. Les Grecs et les Romains, malgré toutes les « Géorgiques », n'étaient plus au temps du poète paysan Hésiode, ni du général laboureur Cincinnatus, ni même des *gentlemen farmers* comme Xénophon ; ils laissaient toutes les occupations manuelles aux esclaves ou à une plèbe aussi méprisée que les esclaves. Les Juifs eux-mêmes, malgré la sagesse de certains conseils de leurs rabbins, qu'on peut lire encore dans le Talmud, avaient à leur tête une aristocratie absolument paganisée, ou cette bourgeoisie pharisienne qui, si elle ne négligeait pas certains travaux lucratifs, comme les opérations de banque, n'estimait cependant que ceux-là qui avaient assez de loisirs pour passer la plus grande partie de leurs journées dans l'étude de la loi et de ses minuties. Le reste, surtout les artisans de profession, c'était le *'am haareç*, des ignorants, des gens bons à rien, à peine capables de faire leur salut. On peut donc dire que, aux premiers siècles de notre ère, du Nord au Midi, de l'Orient à l'Occident, le travail des mains était ou bien ouvertement méprisé, ou du moins regardé par ceux-là même qui étaient contraints de s'y livrer comme une nécessité très malheureuse et très humiliante (1).

Comment a pu changer une manière de voir appuyée sur un consentement si universel ?

Répondons nettement : ce fut grâce à l'Évangile. Comme la notion de l'égalité foncière des hommes, de l'inviolabilité de la conscience, le respect des faibles, de la femme, de l'enfant, comme toutes les gran-

(1) Voir la note II à la fin du volume.

des idées qui sont à la base de notre conduite morale, c'est l'Évangile, et l'Évangile
seul, qui a répandu sur notre terre la notion
de la grandeur du travail.

Il est évident, tout d'abord, que les premiers chrétiens ne pouvaient partager les
préjugés d'Aristote. C'étaient, pour la plupart, des gens de métier, et de condition
fort modeste. Leurs chefs, les apôtres,
avaient été de simples pêcheurs sur la mer
de Galilée. Mais par-dessus toute autre considération, comment auraient-ils pu se sentir humiliés de faire ce qu'avait fait Jésus?
Leur fondateur, n'était-ce pas le « charpentier de Nazareth », comme les païens le leur
ont souvent répété par dérision? Jésus, durant presque toute sa vie mortelle, avait
manié la scie et le rabot dans une obscure
bourgade juive. Quel fait révélateur! Si
Jésus n'eût été qu'un grand réformateur
humain, un philosophe, un chef d'école
comme Socrate ou Platon, déjà son génie
aurait dû paraître d'autant plus admirable
qu'il aurait eu à vaincre, avant de s'affirmer, toutes les difficultés dressées contre
son influence par une origine si humble.

il aurait été la preuve vivante qu'il peut y avoir, parmi les travailleurs les plus pauvres, des hommes plus grands que leur sort, véritablement dignes d'être chefs et rois dans le monde des esprits, en dépit de tous les hasards de la naissance et des préjugés du milieu. Mais la leçon était bien plus profonde que cela. Les disciples de Jésus savaient, tout aussi bien que l'Église actuelle, que leur Maître était Dieu, ressuscité des morts par sa propre puissance ; qu'il avait préexisté éternellement, qu'il pouvait donc choisir la condition où il apparaîtrait au milieu des hommes. Le hasard n'avait donc rien à faire ici ; le Fils de Dieu avait éternellement choisi de naître dans la condition d'artisan, et non parmi les rois, les philosophes ou les rabbis, pour se fatiguer les bras, être ignoré ou méprisé des riches, et gagner littéralement son pain à la sueur de son front.

Aussi ne faut-il pas s'étonner que l'Évangile ne contienne aucun mot qui sente les préjugés antiques contre les travailleurs. Tous les enseignements du Sauveur, surtout ses paraboles, et toutes ses actions, montrent le plus vif intérêt pour ceux qui peinent à s'assurer au jour le jour leur maigre pitance, en comptant pour le lendemain sur la Providence du Père céleste attentif à nourrir jusqu'aux oiseaux du ciel. Chaque page de l'Évangile nous apporte comme des bouffées de l'air que respiraient les petits, les laborieux, ceux qui sont les plus faciles à exploiter et à persécuter. Toutefois, on n'y trouve énoncé rien qui ait trait à des revendications sociales. Le « Beati pauperes » n'a pas été dit pour exalter une classe aux dépens des autres ; il ne s'applique qu'à ceux-là, pauvres ou riches, qui ont le sentiment de l'incurable indigence de la vie terrestre. L'Évangile enseignait simplement aux hommes le moyen d'arriver, par l'obéissance et l'union à Dieu, au bonheur éternel. La société fondée par le Christ, l'Église, était exclusivement religieuse ; elle s'ouvrait aux riches comme aux pauvres, sans supprimer les inégalités de rang ou de fortune, en rappelant seulement à tous que tous devaient s'aimer et se traiter comme les enfants du même Père, les frères du même Sauveur, et que les distances du monde ne constituent pas des inégalités devant Dieu. Un chrétien fortuné ne pouvait donc plus mépriser la personne des travailleurs.

Enseignement tout nouveau, sans contredit, enseignement qui devait révolutionner le monde, en transformant graduellement les rapports entre les diverses classes de la société. Mais notre curiosité légitime ne peut être satisfaite par cette facile constatation.

Qu'est-ce que l'Évangile pensait du *travail* en lui-même ?

Le considérait-il uniquement comme une malheureuse conséquence de la chute originelle ? Encourageait-il à s'en dispenser, pour peu que les circonstances le permissent, comme d'un assujettissement qui rabaisse l'esprit et rend plus difficile de vivre en Dieu ? Jésus-Christ avait-il choisi la condition d'ouvrier comme il avait voulu la douleur et la croix, et seulement parce qu'il était apparu « en forme d'esclave » et avait pris sur lui toutes nos douleurs ? ou bien avait-il été un travailleur, parce que le travail, à côté de la peine, possède une dignité qui convenait au Fils de Dieu?

La réponse n'est pas douteuse. Si nous ne la trouvons pas en termes exprès dans l'Évangile, elle retentit très nette dans les écrits et dans la vie de l'Apôtre saint Paul.

CHAPITRE II

L'Apôtre ouvrier

Les exemples de cet homme sont de la plus haute portée. Saint Paul avait parfaitement le droit de dire : « Soyez mes imitateurs, comme moi, je le suis du Christ. — Je vis, mais ce n'est plus moi, c'est le Christ qui vit en moi. » Nul n'a été plus que lui pénétré de l'esprit de Jésus, et il en avait pleine conscience. Le Seigneur s'était tenu dans un milieu restreint, laissant à l'Esprit-Saint qu'il enverrait la mission d'enseigner aux apôtres ce qui restait à leur dire. Il appartint à saint Paul, entre tous, de réaliser, dans un monde infiniment varié, plein de complications sociales et de questions inconnues en Galilée, les principes du Maître qui agissait en lui.

Eh bien ! saint Paul, l'apôtre de la liberté

chrétienne, a été aussi l'*Apôtre du travail*.

Les Actes rapportent une scène extrêmement touchante qui se passa à Milet. Milet était à peu de distance de la grande ville, aujourd'hui ruinée, d'Éphèse, que saint Paul avait évangélisée trois années durant. A Milet, il parla aux anciens d'Éphèse de la conduite qu'il avait tenue dans leur cité.

Or, si nous lisons seulement le chapitre XVIII des Actes, Paul paraît avoir occupé à Éphèse la situation d'un très grand personnage. En voici quelques marques. Cette ville était fort adonnée à la magie et aux superstitions orientales; la prédication de l'Apôtre y eut pourtant un si grand succès qu'on y brûla en masse les livres de sciences occultes, et cet autodafé consuma une somme d'à peu près quarante mille francs, ce qui équivaudrait de nos jours à environ deux cent mille. Telle était la réputation de puissance surnaturelle de saint Paul, que les Éphésiens se disputaient les linges qui avaient touché le corps de l'Apôtre, pour les poser sur les malades, et ainsi les guérir. Saint Paul, ayant quitté la synagogue, enseigne ouvertement dans l'école d'un philosophe ou d'un rhéteur, et de là sa prédication rayonne dans toute la province d'Asie, et y fait naître en d'autres villes des églises florissantes. Enfin Éphèse fut si remuée par l'Évangile, qu'il en résulta presque une crise économique. Les ouvriers qui vivaient du sanctuaire de la grande Artémis, déesse locale dont le temple, une des merveilles du monde, était aussi un lieu de pèlerinage des plus fameux, ces ouvriers craignent de voir baisser leurs profits et essaient d'arrêter par l'émeute cette dangereuse concurrence. Paul, dans la conscience qu'il a de sa force, se prépare à tenir tête, lui tout seul, à cette foule exaspérée, à la haranguer publiquement dans le théâtre. Ses disciples ont grand'peine à le détourner de cette démarche périlleuse. Et ce ne sont pas ses disciples seulement qui s'inquiètent alors de sa sécurité ; même les autorités publiques s'intéressent à cet étonnant prédicateur juif. Saint Luc nous dit que quelques-uns des Asiarques, de ces grands seigneurs qui présidaient l'assemblée d'Asie et réglaient dans la province le culte impérial, étaient les amis de Paul et intervinrent aussi pour l'empêcher d'exposer sa vie. Ainsi il avait un parti puissant même parmi les païens. Vis-à-vis des autres, il se tient comme un lutteur sûr de lui en face des lions de l'amphithéâtre. L'image est de lui : « N'ai-je pas, dit-il, combattu contre les bêtes à Éphèse ? »

Eh bien ! lorsque, une année environ après son départ de cette ville, saint Paul se rendait par l'Asie à Jérusalem où il devait être enchaîné, il manda près de lui les chefs de la communauté éphésienne, et leur tint un discours qui leur arracha des larmes. Que leur rappelait-il ? tous ces souvenirs tragiques et glorieux ? Non ; mais il leur disait :

« Vous savez de quelle manière, dès le premier jour de mon arrivée en Asie, je me suis comporté toujours à votre égard, servant le Seigneur en toute humilité, avec larmes, au milieu des épreuves... Je n'ai pas craint de vous prêcher et de vous instruire, en public et dans vos maisons. » Souvenez-vous « que, durant trois années, je n'ai cessé, nuit et jour, d'exhorter avec larmes chacun de vous... Je n'ai désiré ni l'argent, ni l'or, ni les vêtements de personne. Vous savez bien vous-mêmes *que ces mains* » — et il les leur montrait — « *ont pourvu à mes besoins et à ceux des personnes qui étaient avec moi. Je vous ai fait voir de toutes façons qu'il faut, en travaillant ainsi, soutenir les faibles, et se rappeler les paroles du Seigneur, qui lui-même a dit : Il y a plus de bonheur à donner qu'à recevoir. » (*Act.* XX.)

En effet, l'Apôtre à la parole triomphante, à l'action prodigieuse, avait passé ces trois années à Éphèse, capitale de l'Asie, ville riche, ville cultivée et dédaigneuse, dans la condition privée d'un simple ouvrier tisserand, fort chargé de travail, puisqu'il devait subvenir encore aux besoins des autres.

Et ce n'était point un fait isolé dans sa carrière. Il en allait de même dans tous les lieux où il faisait un séjour de quelque durée. Ainsi il écrit aux Thessaloniciens : « Vous vous rappelez, frères, notre travail et notre peine ; *nuit et jour à l'ouvrage, pour n'être à charge à aucun de vous, nous vous avons prêché l'Évangile de Dieu.* »

(I *Thess.*, II, 9.) A ses convertis de Corinthe, qui en avaient spécialement besoin, il rappelle plus d'une fois son labeur et son désintéressement. C'est là une des choses dont il parle le plus volontiers ; il professe hautement qu'il gagne sa vie en ouvrier, et il tient à ce que personne ne l'oublie. Il vit en ouvrier, il voyage en ouvrier, — c'est dire avec quel confort ! Il lui faut traverser, portant avec lui les provisions de plusieurs journées, à pied, les gorges redoutables des montagnes d'Asie, infestées de brigands, passer à gué les rivières, marcher, marcher longtemps sur des routes désertes, jusqu'à ce qu'il trouve un endroit où on veuille bien le recevoir et l'héberger à peu de frais ; jeûner souvent, souffrir du froid, de la chaleur, de la fatigue ; s'embarquer pour des traversées longues et périlleuses, au milieu de pauvres pèlerins, d'émigrants, de petites gens comme lui, sur de mauvais bateaux où les places ne coûtent pas cher, mais fort exposés aux naufrages. Telles étaient ses courses apostoliques, au moins dans les premières années, avant que les nombreuses églises fondées par lui

pussent le munir d'un nombre suffisant de
compagnons et d'auxiliaires. Il ne pouvait
même pas gagner d'argent chemin faisant ;
l'état de tisserand ne permet pas d'emporter avec soi ses instruments de travail,
pour s'arrêter à travailler n'importe où ; si
rudimentaires que fussent alors les métiers
à tisser, ils étaient cependant trop encom-
brants pour que Paul en chargeât un sur
ses épaules. Aussi, quand il arrivait dans
quelque centre urbain où il comptait entre-
prendre l'œuvre évangélique, fallait-il d'a-
bord qu'il s'occupât de trouver, et rapide-
ment, un atelier où on l'acceptât pour cet
autre travail ; alors il s'engageait comme
salarié.

Les Actes le disent en propres termes
(XVIII, 2, 3). A Corinthe, il fit la rencontre
d'un Juif nommé Aquilas, et de sa femme
Priscilla ; comme ils avaient, nous dit
saint Luc, le même métier, — ils fabri-
quaient des tentes, — saint Paul demeura
chez eux, et y travailla.

Ici j'aimerais faire une digression,
pour dire un mot des « relations » de

saint Paul. On pourrait, au moyen des Actes et des Épîtres, établir une longue liste de ses amis et collaborateurs. Au premier rang se distinguent Aquilas et Priscilla. L'homme et la femme étaient déjà baptisés, sans doute, quand ils firent la connaissance de l'Apôtre ; en sa compagnie, ils devinrent apôtres eux-mêmes, et, dans ses lettres, saint Paul parle d'eux avec une reconnaissance émue : « Ils ont, dit-il, exposé leur tête pour moi. » A côté de ces fabricants de tissus, nous trouvons, en Macédoine, une teinturière, ou marchande de pourpre, Lydia, qui reçut le Docteur des nations dans sa maison quand il commença d'évangéliser la ville de Philippes. Les salutations des épîtres nous font connaître encore beaucoup d'amis de saint Paul. La plupart devaient être très humbles de condition. A part quelques-uns comme le lévite Barnabé, Silas, le citoyen romain, peut-être aussi Timothée et Titus ; Luc, le « médecin bien-aimé », cet écrivain si saint et si délicat qui nous a donné le troisième Évangile et les Actes ; Apollos, le rhéteur et l'exégète, qui avait

pu briller dans les écoles d'Alexandrie;
Zénas, un jurisconsulte; Éraste, homme
riche sans doute puisqu'il était trésorier
de l'opulente ville de Corinthe; Philémon,
citoyen très considéré à Colosses, on ne
trouve guère d'amis de l'Apôtre dont la
profession ou la culture pût être estimée
au milieu des préjugés antiques. Beaucoup
d'entre ceux qu'il nomme par ailleurs, d'a-
près la tournure de leur nom, devaient
être des affranchis ou des esclaves. Son
entourage le plus immédiat et le plus habi-
tuel paraît avoir été formé de gens laborieux, hommes et femmes qui travaillaient
de leurs mains ou exerçaient de petits né-
goces. C'est dans leur milieu qu'il semble
s'être senti le plus chez lui. Parmi eux,
Lydia et le couple Aquilas et Priscilla appartenaient à l'aristocratie des métiers. Ces
deux époux étaient certainement plus à
l'aise que Paul; à Rome, ils ont une maison assez grande pour qu'on puisse y tenir
des assemblées religieuses; de même à
Éphèse auparavant. Ils devaient même posséder une certaine culture; à Éphèse, ils
attirent chez eux et amènent à la foi com-

plète le Juif Alexandrin Apollos, homme
instruit et disert, qui avait les plus grands
succès comme conférencier. C'étaient donc
des artisans fort aisés, presque des bourgeois. Saint Paul aimait à vivre avec des
gens de ce caractère, à l'âme saine, zélée
et laborieuse. Mais, comme il n'avait pas
d'atelier ni de magasin à lui, il demeurait
le plus modeste au point de vue du rang
social. S'il était le maître spirituel d'Aquilas, il n'en semble pas moins qu'il était le
salarié de ce digne homme, et Aquilas le
patron de Paul.

Ceci nous ramène à notre sujet. Pourquoi Paul travaillait-il de ses mains? Ce
n'était pas, en soi, une condition favorable
pour attirer à lui les gens des hautes classes, auxquelles, cependant, il prêchait l'É-
vangile, comme aux autres. Le faisait-il
donc par nécessité? Non, mais *par choix*.
Lui-même le déclare expressément.

Et quel pouvait être le motif de ce
choix? L'Apôtre voulait-il uniquement, ou
principalement, s'abaisser, s'humilier, afin
de ressembler davantage au Christ mé-

prisé et souffrant? Nous ne dirons certes pas que cette considération lui fût tout à fait étrangère. Cependant, Paul ne travaillait pas principalement pour s'humilier ; il y trouvait, au contraire, un grand honneur, et ne craignait pas de le dire. Autrement il ne l'eût pas fait.

Nous voyons, en effet, par toute son histoire, que Paul n'était pas homme à abaisser inutilement sa dignité personnelle devant les préjugés de qui que ce fût. C'était une âme naturellement fière et entreprenante, un de ces hommes de commandement, qui s'affirment, et qui n'ont aucune tendance à courber la tête par goût devant des supériorités de hasard, ni à se trouver plus à l'aise, plus tranquilles, dans une position effacée. Son origine sociale elle-même ne l'y portait pas du tout (1). Il était citoyen romain, titre alors très rare parmi les Juifs et même les Grecs, titre qui assurait à son possesseur de multiples privilèges, et le plaçait d'emblée dans une aristocratie assez élevée par rapport à l'ensemble des provinciaux. Ce titre, il sut

(1) Voir la note I à la fin du volume.

très bien le faire valoir quand l'intérêt de
son ministère l'exigea. Nous voyons aussi
qu'il était, par éducation comme par nature, ce qu'on appellerait aujourd'hui un
« homme du monde », au sens favorable,
et un homme du monde fort distingué.
En face des grands prêtres, des magistrats
romains, une fois même d'un roi et d'une
princesse royale, nous l'entendons toujours parler, non seulement avec une fran-
chise et une liberté d'apôtre, ce que la
grâce de sa mission expliquerait assez toute
seule, mais avec une courtoisie pleine
d'aisance à laquelle nous sentons qu'il
n'est pas impressionné par de si hauts per-
sonnages, et qu'il n'a aucun effort à faire
pour résister à l'éblouissement du rang
d'autrui. Cela jette bien un certain jour
sur le fond de sa nature. Non, elle n'avait
rien de commun avec celles qui sont por-
tées d'elle-mêmes à la subordination et à
la dépendance, avec les natures que les
anciens appelaient « serviles ». Saint Paul
sentait ce qu'il était, non seulement
comme messager de Dieu, mais aussi
comme homme.

Et c'est justement *pour cela*, pas pour autre chose, qu'il menait sa rude vie d'ouvrier ambulant. Il pouvait faire autrement s'il l'avait voulu. Mais il jugeait que son ministère devait en être plus honoré. Voici ce qu'il écrit aux vaniteux et superficiels Corinthiens (I *Cor.* ix) :

« Est-ce que moi seul et Barnabé, nous n'avons pas le droit de nous dispenser du travail? Qui est-ce qui fait jamais la guerre à ses propres frais? »... Ainsi, comme tous les autres apôtres, à commencer par Pierre, nous aurions le pouvoir et le droit de demander notre entretien aux communautés que nous évangélisons. « Mais nous n'avons pas usé de ce pouvoir-là; nous souffrons tout afin de ne pas créer d'obstacle à l'Évangile du Christ... Je n'ai profité de rien de tout cela; et si je vous écris de la sorte, ce n'est pas pour réclamer qu'à mon égard on en agisse de même (c'est-à-dire comme à l'égard des autres apôtres). Il vaudrait mieux pour moi mourir que de... Non, mon titre à me glorifier, personne ne m'en dépouillera ! Car si j'évangélise seulement, je n'ai pas lieu de m'en glorifier; c'est une nécessité qui m'incombe. Malheur à moi, si je n'évangélisais point! Si je le faisais de ma propre initiative, j'aurais bien droit à une récompense. Mais je le fais par ordre, c'est une charge qui m'est imposée. Où donc est mon titre à la récompense? En ce que je suis un prédicateur qui annonce gratuitement l'Évangile », c'est-à-dire en peinant pour soutenir ma vie, comme si l'Évangile ne me donnait aucun droit à l'entretien. Voilà certes le langage d'un homme qui a conscience de sa dignité, et une fière conscience!

Ainsi Paul se glorifiait de ses fatigues de travailleur manuel. Il voyait même là, dans sa modestie de grand homme et de grand saint, l'unique sujet qu'il eût de se glorifier! Mais si le travail glorifiait un tel homme, c'est surtout cet homme qui a glorifié à tout jamais le travail. Les Actes rapportent un fait qui est vraiment symbolique de cette glorification; aux malades d'Éphèse on imposait pour les guérir, parmi les linges qui avaient touché au corps de l'Apôtre, ses *simikinthia* usés, c'est-à-dire ces tabliers dont les ouvriers antiques se ceignaient pour aller à l'ouvrage ; c'étaient les ancêtres de la blouse moderne. Le tablier de l'artisan, parce qu'il avait été porté par saint Paul, devenait instrument de miracles !

Voilà donc pourquoi le Docteur des nations voulait travailler de ses mains. Il réfutait ainsi à l'avance toutes les calomnies possibles contre son désintéressement d'apôtre, et s'assurait en même temps une parfaite indépendance vis-à-vis de ses fils spirituels. Exemple héroïque, qui ne pouvait être érigé en loi ; combien cependant il eût été regrettable que ce héros ne l'eût pas donné, à cause de tous les enseignements qui devaient en sortir ! Ce noble désintéressement n'était pas de l'orgueil ; cette indépendance n'était ni farouche ni provocante ; rien en cela qui fût une attitude, ou — passez-moi le mot — une pose, comme celle qu'on a pu reprocher à certains cyniques ou stoïciens. Non ; Paul restait assez humble pour accepter, quand les donateurs en étaient vraiment dignes, et que le pressant besoin de son apostolat le lui commandait, des secours en argent qu'il appelait lui-même un « salaire ». Il en a reçu à plusieurs reprises de ses excellents convertis de Philippes ; il n'avait aucune honte de l'avouer aux Corinthiens eux-mêmes. Et nous avons encore, à la fin de sa lettre aux Philippiens, son délicat remerciement, que Renan lui-même, un écrivain d'ordinaire si prévenu contre l'Apôtre dont il ne peut comprendre la grandeur, appelle « un modèle de bonne grâce et de vive piété ».

Paul travaillait donc, non pas tant qu'il en eût besoin pour vivre, que pour l'honneur qu'il trouvait à se suffire à lui-même, à donner sans recevoir. Comme un bon père de famille, il allait jusqu'à pourvoir, ainsi que nous l'avons vu à Éphèse, aux besoins de ses compagnons d'apostolat qui ne possédaient pas comme lui un métier. Zèle apostolique, noblesse de caractère, amitié, bienfaisance, sans aucun mélange ni de servilité ni de prétention, voilà ce qui fit du grand Apôtre, ancien docteur d'Israël, homme de confiance du sanhédrin, et citoyen romain, un laborieux ouvrier tisserand. Avec sa hauteur de vues, divinisée par l'Esprit du Christ, il ne pensait pas comme Aristote : il ne voyait là rien qui pût le ravaler, bien au contraire.

CHAPITRE III

L'Apôtre du travail

Or, saint Paul se donnait aux chrétientés en exemple. Ce qu'il faisait si vaillamment, il voulait que les néophytes, toute proportion gardée, le fissent aussi. Il a fortement prescrit l'obligation du travail manuel pour tous ceux dont un travail de qualité plus haute n'absorbait pas les facultés et les instants. Il ne fut pas seulement un apôtre travailleur ; on peut l'appeler l'*Apôtre du travail*.

C'est à Thessalonique que quelques-uns des nouveaux convertis lui donnèrent occasion d'affirmer ses principes. En ce grand port vivait, comme dans toutes les cités maritimes de la Méditerranée, une nombreuse population cosmopolite et très plébéienne, déchargeurs du port, marins attendant un engagement, petits commerçants juifs, émigrants orientaux, prolétaires de toute sorte, dont un certain nombre avait accepté la foi nouvelle. Partageant avec intensité l'illusion commune à beaucoup des premiers chrétiens, ils croyaient que le Christ allait bientôt reparaître sur les nuées du ciel pour établir à tout jamais le Règne de Dieu. Quelques-uns, suivant du reste en cela la pente de leur nature à la flânerie, en prenaient prétexte pour se figurer qu'il était malséant de s'occuper davantage des choses d'ici-bas, et prétendaient passer leurs derniers jours dans une sorte de retraite spirituelle préparatoire au grand Avènement. En réalité, ils ne faisaient que se livrer au désœuvrement et aux bavardages, exploitaient la fraternité chrétienne, et vivaient aux dépens des autres membres de la communauté. Voici comment le travailleur Paul les admonesta, (I *Thess.* iv, 9-12) :

« Pour ce qui est de l'amour fraternel, nous ne croyons pas nécessaire de vous écrire là-dessus. Vous-mêmes, en effet, avez été formés par Dieu à vous aimer les uns les autres. C'est bien là ce que vous faites vis-à-vis des frères de la Macédoine entière. Mais nous vous exhortons, frères, à faire mieux encore, et à mettre votre honneur à vivre en paix, à vous occuper de vos propres affaires, *et à travailler de vos mains*, ainsi que nous vous l'avons recommandé. Il faut que votre conduite mérite l'estime des gens du dehors, et que vous n'ayez besoin de personne. » De même, il dira plus tard aux Romains (*Rom.* XIII, 8) :

« Ne devez rien à personne, si ce n'est de vous aimer mutuellement. »

Cet avertissement discret et paternel n'ayant pas suffi, l'Apôtre y revint sur un ton bien plus sévère (II *Thess.* III, 6-12) :

« Nous vous prescrivons, frères, au nom du Seigneur Jésus-Christ, de vous tenir à l'écart de tout frère qui mène une vie désordonnée, non conforme à l'enseignement que vous avez reçu de nous. Vous savez bien vous-mêmes, en effet, comment il faut nous imiter : nous n'avons pas vécu parmi vous d'une manière désordonnée *ni mangé gratuitement le pain de quelqu'un*, mais dans le labeur et dans la peine, au travail jour et nuit pour n'être à charge à personne d'entre vous. Ce n'est point que nous n'en eussions pas le droit, mais *c'était pour vous donner nous-mêmes notre exemple à imiter.* En effet, quand nous étions avec vous, nous vous disions : *Si quelqu'un ne veut pas travailler, il n'a qu'à ne pas manger.* Nous apprenons pourtant que certains d'entre vous se conduisent d'une manière désordonnée ; ils ne travaillent pas, mais s'agitent autour du travail. Or, de pareilles gens, nous les avertissons et les exhortons dans le Seigneur Jésus-Christ à travailler en paix, et à manger *un pain qui soit bien à eux.* Pour vous, frères, ne vous dégoûtez pas de la bienfaisance ; seulement si quelqu'un désobéit aux instructions données dans cette lettre, notez-le, pour n'avoir point de rapports avec lui, afin qu'il en ait honte. Ne le traitez pas d'ailleurs avec hostilité, mais corrigez-le comme un frère. »

Voilà au moins qui est clair. Cette réprimande contient un aphorisme capable, à lui tout seul, de rendre immortel le nom du premier qui le prononça : « *Si quelqu'un ne veut pas travailler, il n'a qu'à ne*

pas manger. » Remarquez bien sur quelles
obligations saint Paul fonde celle du travail.
Ne pas être à charge à autrui ; — ne pas
tomber dans le désordre, et s'acquérir une
bonne réputation ; — être indépendant,
comme il convient à un homme, à un chrétien. Ce sont toutes raisons de ferme et
haute moralité personnelle. Il y en avait
d'autres encore ; lesquelles ?

A peine est-il besoin de faire remarquer
que l'Apôtre du Christ ne pouvait invoquer
de motifs purement utilitaires. Il n'envisageait pas le travail à la façon d'un économiste, comme simple instrument de la mul-
tiplication des richesses et du bien-être. S'il
recommande à ses disciples le labeur, nulle
part il ne leur montre comme but premier
de s'enrichir. Non que les riches fussent
exclus de ses communautés. Mais, après
l'Évangile, saint Paul rappelait que les richesses multiplient les obstacles sur la voie
du salut. En ses dernières années, il écri-
vait à Timothée, son délégué à Éphèse
(I *Tim.*, IV, 7, 10 ; 17, 19) : « Nous n'avons
rien apporté en ce monde, et nous n'en pouvons rien emporter non plus. Mais quand

nous avons le vivre et le vêtement, nous pouvons avec cela nous tenir pour satisfaits. Quant à ceux qui veulent s'enrichir, ils tombent dans la tentation et le piège, en maintes convoitises insensées et honteuses qui précipitent les hommes dans la ruine et la perdition. Car la racine de tous les maux, c'est l'amour de l'argent »... Et, plus loin : « A ceux qui sont les riches du siècle présent, prescris de ne point s'enorgueillir, et de ne point mettre leur espoir dans une richesse incertaine, mais en Dieu, lui qui nous fournit avec abondance tout ce dont nous jouissons. (Prescris-leur) de faire du bien, de s'enrichir en bonnes œuvres, de donner de bon cœur, d'avoir souci du bien commun, de se faire un trésor, un bon appui pour l'avenir, afin d'acquérir la vie véritable. » — L'Apôtre donc, on le conçoit, voulait faire fructifier le travail pour le ciel beaucoup plus que pour la terre. Il n'avait pas, comme on l'a à notre époque matérialiste, la superstition de l'activité matérielle considérée en soi ; il ne déifiait pas le travail comme instrument de fortune. Sa pensée était dominée par la vue de réalités beaucoup plus vitales et profondes. Et si ces intérêts primordiaux se trouvaient aux prises avec des intérêts purement économiques, nous ne ferons pas à saint Paul l'injure de supposer qu'il pût hésiter un instant à sacrifier ces derniers. Il se fût indigné, certainement, contre ceux qui, pour tempérer son zèle à Éphèse, lui eussent représenté qu'il faisait perdre trop d'argent aux fabricants d'ex-voto d'Artémis. L'âme d'abord, et le bonheur de l'âme. Qu'on cherche le Règne de Dieu et la justice, le reste pourra venir comme un supplément !

Ainsi, dans la recommandation si pressante et si universelle qu'il fait de travailler, toute vue basse, toute vue même de pure utilité terrestre, est exclue. Saint Paul ne s'occupe pas du travail en économiste, ni en « travailliste », mais en moraliste inspiré.

Il veut que le chrétien soit actif de ses mains :

Premièrement, parce que le travail moralise ; — qu'il occupe d'une façon honnête, empêche de s'abandonner au plaisir, d'intriguer dans les affaires d'autrui, et fait ainsi gagner l'estime, jusqu'à devenir une sorte d'apologie de la nouvelle croyance.

Deuxièmement, parce qu'il est bon d'être autant que possible indépendant des autres hommes. C'est une bassesse de se mettre sans nécessité à la charge d'autrui, de ne pas rendre à la société des services proportionnés à ceux qu'on en reçoit ; cela avilit le caractère. *Ne devez rien aux autres que l'amour mutuel. — Mangez un pain qui soit bien à vous.* Ainsi vous aurez la nourriture et le vêtement, vous acquerrez peut-être cette honnête aisance qui est un bienfait de Dieu sans danger. Dieu lui-même a institué la loi du travail. C'est la Nature, et l'Auteur de la Nature qui vous disent : *Qui non vult operari, non manducet.*

Troisièmement enfin, — et ceci est une considération encore plus noble, voilà pourquoi je l'ai réservée pour la dernière, — parce que en travaillant, au lieu de vous reposer sur la générosité des autres, vous pourrez vous-même être généreux envers vos frères dans le besoin. C'est le grand ressort que veut donner l'Apôtre à l'activité des nouveaux fidèles. Lui-même, nous l'avons vu, avait, à Éphèse, soutenu par son labeur ses compagnons d'apostolat. Voici maintenant le conseil, l'ordre qu'il donne à certains convertis, conseil d'un optimisme qui paraîtrait naïf et qui ferait sourire, si nous oubliions que c'est Paul qui le donne, lui qui savait quelles transformations morales la grâce divine pouvait accomplir par sa parole : « Que celui qui a été jusqu'ici un voleur ne vole plus, mais plutôt qu'il s'efforce d'acquérir du bien par ses propres mains, pour avoir de quoi partager avec celui qui est dans l'indigence » (*Eph.* iv, 28.) Il fait l'honneur, à ceux-là mêmes qui avaient eu le passé le moins recommandable, de les croire, maintenant qu'ils sont régénérés, sensibles à cet idéal. Ainsi saint Paul ne dissuadait nullement de s'enrichir par le travail, jusqu'à avoir du superflu ; mais c'était pour remplir la fonction supérieure du riche, procurer du bien-être à ceux qui, tout seuls, ne gagneraient pas assez. Et c'est là, en effet, une des meilleures raisons qui peuvent légitimer l'inégalité des fortunes ; l'utilité sociale de ceux qui, possédant plus, peuvent être plus bienfaisants, soit par l'assistance proprement dite, soit en fournissant aux autres du travail. Ainsi l'indépendance recommandée comme fruit du travail, il ne la conçoit pas comme un isolement dans l'égoïsme et l'orgueil ; mais, en mettant le chrétien au-dessus du besoin, qui est souvent une tentation contre la noblesse du caractère, elle peut, ce qui est plus grand encore, le rendre capable d'ambitionner un rôle actif dans l'exercice de la fraternité, car, dit le Seigneur, il est meilleur de donner que de recevoir.

Ainsi il n'est rien de moins *utilitaire*, sans doute, mais aussi rien de plus utile socialement, que la doctrine religieuse de saint Paul sur le travail. Tous les motifs en sont tirés de l'avenir céleste qui attend les hommes rachetés, et auquel on se prépare par la charité sur terre ; mais aussi tous étaient gros des plus sains principes de la morale sociale, des plus propres à rendre la vie active, pleine, heureuse dès ici-bas, à prévenir les haines, à assurer la collaboration des classes différentes. Par son exemple héroïque en même temps que par ses préceptes, il a représenté le travail, le travail manuel, comme une source de dignité et d'indépendance, de moralité et de charité. Et toutes ces paroles que j'ai citées, ces paroles qu'aucune théorie ultérieure n'a jamais pu démentir ni perfectionner essentiellement, songeons qu'il les a dites — on ne s'en douterait pas à voir leur sérénité et leur assurance — qu'il les a dites à une époque et à une société où tout travail manuel, sinon même tout travail lucratif, paraissait une humiliation, une tare, et était flétri de l'épithète de « servile ».

CHAPITRE IV

Saint Paul et la Question sociale

Servile ! ce mot me rappelle que j'ai encore quelque chose à dire. Je pourrais,
à la rigueur, m'en tenir à ce que je viens
d'exposer. On a bien vu comment saint
Paul a donné une solution *morale* et *surnaturelle* à la question du travail ; solution telle qu'il l'a à jamais ennobli. Cette
solution était tirée des principes de l'Évangile, qu'il a seulement appliqués avec une
logique de conduite et une clarté d'enseignement pénétrantes, admirables, héroïques.
Et si, d'après un mot fameux, la question
sociale, celle des conditions du travail et
des rapports entre travailleurs, est avant
tout une question morale, on peut dire
qu'il l'a résolue dans son essence, par quelques principes sur la charité et la dignité
humaine, dont les siècles chrétiens posté-
rieurs n'avaient plus qu'à s'inspirer, en te-

nant compte des variations que le temps, et la civilisation changeante, apportent dans la vie économique.

Ah! certes; si ces principes avaient pénétré toutes les âmes dans les nouvelles sociétés, si chacun s'était efforcé d'être à la fois actif, indépendant et bienfaisant, et d'étudier avec soin, sans passion égoïste, la transformation des conditions du travail, pour appliquer les préceptes évangéliques de la manière la mieux accommodée aux circonstances, on peut dire que toute question sociale eût été alors bien vite résolue; il n'aurait même pu naître aucune « question sociale » dans un monde devenu parfaitement chrétien. Mais, hélas! tous tant que nous sommes, riches, pauvres, patrons, salariés, nous sommes lents à nous laisser pénétrer par les principes catholiques. Ces principes sont là; mais il faut en déduire l'application, et les intérêts viennent alors obscurcir notre esprit. Certains qui veulent vivre, non seulement individuellement, mais socialement, leurs convictions chrétiennes, regrettent alors parfois que ni l'Évangile ni saint Paul n'aient résolu d'une façon plus explicite, à côté du problème moral du travail, la question sociale des conditions du travail, des rapports sociaux et économiques entre employeurs et employés.

Eh bien ! il me reste à montrer qu'ils ont résolu celle qui pouvait être résolue en leur temps ; la solution qu'ils y ont apportée est celle qui convient encore à notre temps, et à tous les temps, bien entendu *mutatis mutandis*.

Il y avait une question sociale aux jours du Christ et de saint Paul. Elle était même infiniment plus grave que de nos jours. Sans doute on ne l'agitait pas en des livres, des articles de revue, des congrès, des syndicats, des Parlements. Mais, quoiqu'on n'en traitât guère théoriquement, — car les privilégiés, qui étaient les seuls à théoriser et à écrire, n'avaient pas l'idée qu'il y eût rien à changer à l'état des choses, — elle existait cependant, et très aiguë, dans tous les pays, tous les ateliers, toutes les âmes. Jamais il n'y eut plus de dureté et d'exploitation de la part des heureux, plus de rancunes et plus de haines de la part des déshérités. Si les mœurs et la législation même s'adoucissaient sur certains points, ce n'étaient encore là que des palliatifs. Songez que les deux tiers des hommes environ étaient *esclaves* de l'autre tiers. Esclaves, c'est-à-dire propriété de maîtres qui avaient tout droit sur leur travail, sur leur personne, sans aucune garantie de contrat bilatéral, sans même aucun droit personnel franchement reconnu! En plus de cela, les travailleurs libres, dans les principaux centres de civilisation, comme Rome, étaient méprisés, ruinés, affamés par la concurrence de la main-d'œuvre servile, et en arrivaient à former un peuple de mendiants, ne comptant plus guère que sur les distributions de vivres que leur faisaient les empereurs et les cités pour prévenir leur révolte. Çà et là il y avait eu de terribles secousses de cette masse démoralisée, assassinats, pillages, incendies, auxquels la société antique ne savait apporter d'autres remèdes que des répressions qui consistaient en massacres (1).

(1) Voir la note III à la fin du volume.

Les esclaves étaient, dans l'ensemble, les plus malheureux de tous ces prolétaires. Saint Paul leur a parlé plus d'une fois. Que leur a-t-il dit, et qu'a-t-il dit à leurs maîtres ?

Il n'a pas recommandé aux esclaves de repousser l'iniquité par la force ; ç'eût été provoquer une explosion de crimes encore plus inhumains, la ruine de la civilisation, et l'extermination en masse de ces malheureux. Il ne leur a pas dit de conquérir légalement leurs droits sociaux et politiques, car ils auraient à peine compris ce langage moderne, et d'ailleurs la loi ne leur offrait pour cela aucune facilité. Mais il leur a dit qu'ils étaient des hommes comme leurs maîtres, les frères de leurs maîtres dans le Christ ; que, malgré la dureté de leur sort, ils pouvaient et devaient le supporter, parce qu'un jour, au grand jour du Christ, l'équité reprendrait tous ses droits. Aux maîtres, il a déclaré qu'ils devaient traiter leurs esclaves comme des frères, se souvenant qu'ils ont eux-mêmes un Maître au ciel ; que ce Maître céleste est le seul Maître en réalité, qu'il n'y a qu'un « Seigneur », celui-là, Jésus-Christ ; que sur la terre, malgré les apparences contraires, et tout le droit positif, il n'y a pas d'hommes qui soient les propriétaires de leurs semblables. Au reste, écoutons-le encore lui-même :

« Il n'y a plus désormais ni de Juif, ni de Grec, ni d'esclave, ni d'homme libre, ni d'homme, ni de femme. Vous tous, en effet, vous êtes un dans le Christ Jésus » (*Gal.* iii, 82).

« As-tu été appelé (à la foi) étant esclave ? Ne t'en mets pas en peine... Car l'esclave qui a été appelé dans le Seigneur est un affranchi du Seigneur ; de même, celui qui a été appelé étant libre est un esclave du Christ. Vous avez été rachetés à un grand prix ; *ne devenez pas esclaves des hommes* » (I *Cor.* vii).

« Vous, les esclaves, obéissez à vos maîtres selon la chair, avec crainte et tremblement, dans la simplicité de votre cœur, comme au Christ ; non pas en faisant les empressés sous leurs yeux, comme pour flatter les hommes, mais comme des serviteurs du Christ, qui font de bon cœur la volonté de Dieu. Servez avec bonne volonté, comme (au service) du Seigneur, et non pas des hommes, sachant que chacun, s'il fait du bien, en recevra autant du Seigneur, qu'il soit esclave ou qu'il soit libre. Et vous, les maîtres (ou les seigneurs, χύριοι), agissez de même manière à leur égard, sans abuser des menaces ; sachez que le Seigneur, le leur et le vôtre, est dans les cieux, et qu'il n'y a pas en lui d'acception de personnes » (*Eph.* iv, 5, 9).

Aux Colossiens, il écrit presque la même chose, avec ces nuances : « ...Du Seigneur, sachez-le, vous recevrez la rétribution de *l'héritage* » (c'est-à-dire : vous serez admis à la vie éternelle, non comme serviteurs, mais comme *fils* de Dieu votre Père, car vous êtes d'aussi bonne famille que vos maîtres). « C'est le Seigneur Jésus que vous devez servir. Car celui qui commet l'injustice recevra le retour de son injustice, et il n'y a pas d'acception de personnes. Vous, les maîtres, accordez à vos esclaves ce qui est juste, (ce qu'exige) l'équité, sachant que vous aussi vous avez un Maître dans le ciel » (*Col.* iii et iv).

Les motifs d'obéissance qu'il rappelle aux

esclaves se réduisent donc à se conformer à la volonté de la Providence, qui a permis qu'ils fussent dans cet état ; il exige des maîtres la pratique de l'équité, ce qui équivaut à reconnaître que les esclaves ont de vrais *droits.* Les esclaves sont leurs égaux devant le Maître universel ; seule la conduite chrétienne assurera des supériorités dans l'autre vie. Dans celle-ci, en attendant, si les esclaves doivent obéir, ce n'est pas à cause d'un « droit » des maîtres, dont il ne dit rien, mais à cause du Seigneur unique, Jésus-Christ, dont ils doivent se considérer comme les serviteurs, au lieu de se prendre pour la propriété d'autres hommes. Si l'Apôtre n'a pas dit : « L'esclavage est injuste, et l'Évangile l'a aboli », ce qui eût été fort imprudent, et irréalisable alors, il a du moins posé nettement tous les principes d'où devait sortir l'émancipation des esclaves, les réalisations futures qui devaient apporter plus d'équité dans les rapports sociaux, quels qu'ils fussent, avec une plus juste organisation du travail. Il faut lire encore sa délicieuse lettre à Philémon, un de ses amis à qui il renvoie un

esclave fugitif et voleur, en lui recomman-
dant de ne plus le considérer comme un
esclave, mais comme un frère, parce qu'il
a été lui aussi baptisé dans le Christ.

Or, c'était à une époque où les stoïciens
paraissaient de courageux originaux parce
qu'ils osaient proclamer que les esclaves
ont la même nature humaine que leurs
maîtres.

Je termine. Si on connaît bien saint
Paul, oserait-on encore répéter, — comme
les socialistes et d'autres en adressent souvent le reproche à l'Église, — que le Nouveau Testament ne s'est pas occupé du travail, qu'il a simplement, par sentimentalité
mal entendue, exalté les pauvres, même
paresseux, et favorisé ainsi le paupérisme,
sans avoir un mot pour les hommes indé-
pendants et laborieux, sans rien énoncer
sur les conditions du travail? Saint Paul
le tisserand et le législateur, le plus grand
interprète de l'Évangile, est là pour répondre. Il a recommandé l'activité, l'indépendance, en même temps que la bienfaisance. Il a par ses exemples héroïques, et
par sa doctrine si nette, si audacieuse alors,

exalté et ennobli à jamais le travail le plus
humble comme un grand facteur de la dignité humaine. Il a cru que personne n'é-
tait socialement trop bas placé pour profiter
de ses recommandations d'indépendance,
de bienfaisance. Il a fait comprendre aux
travailleurs serviles qu'ils avaient une conscience et une destinée indépendantes des
caprices de leurs maîtres, dont ils sont
d'ailleurs les égaux devant Dieu.

Il est vrai qu'il n'a pas fait, ni Jésus non
plus, de théorie sociale contre la mauvaise
organisation du travail antique. Mais
qu'est-ce qu'une théorie, si parfaite soit-elle,
à côté de tels principes et de tels exemples ?
Une théorie sur le travail, basée sur l'ob-
servation de faits qui changent avec le
temps et la civilisation, est toujours incom-
plète et sujette à des retouches. Il en faut,
des théories économiques et sociologiques ;
elles sont bonnes pour aider à voir clair
dans des besoins et des tendances qui exis-
tent, qui vivent déjà. Mais ce ne sont pas
elles qui peuvent produire des révolutions
morales, si elles ne répondent à des
idées déjà latentes, déjà incarnées dans une

vie. Elles ne *créent* point, elles dirigent et perfectionnent pour un temps, jusqu'à ce qu'il leur faille faire place à d'autres, mieux adaptées à des circonstances nouvelles. Or, au déclin du monde antique, il fallait tout *créer* en fait de justice sociale. Il fallait infuser un nouvel esprit ; c'est ce que l'Évangile a fait : sans s'occuper des conditions transitoires de la société, il a donné l'absolu, les vérités maîtresses et éternelles sur ces questions comme sur toutes les autres.

On n'infuse pas un esprit par des théories, mais par des exemples. Le Maître et le disciple, Jésus et saint Paul, ont donné l'exemple.

C'est un spectacle merveilleux que celui de Jésus à Nazareth, travaillant comme menuisier dans le modeste atelier de Joseph. Mais, après celui-là, le plus beau et le plus instructif, c'est Paul, le Docteur des nations, ce génie et ce saint incomparable, accroupi devant son fruste métier de tisserand, entre deux prédications, à Thessalonique, à Corinthe, à Éphèse ; Paul, pour gagner son pain et apprendre aux autres à gagner le leur noblement, lançant et ramenant sa navette, pendant qu'il dicte à un disciple qui lui sert de secrétaire, l'une ou l'autre de ses lettres sublimes ; Paul, obligé, quand il prend la plume, d'interrompre un travail d'artisan, Paul saisissant le calame de ses doigts d'ancien docteur d'Israël, maintenant presque déshabitués d'écrire, tant ils sont usés, élimés par le fil des chaînes, pour tracer en gros caractères sa signature et quelqu'une de ces phrases aux échos profonds qui retentiront à jamais dans les consciences.

Depuis le jour où l'on a vu ces spectacles-là, le plus humble travailleur qui gagne son pain en esprit chrétien, et qui accepte sa condition sans honte, sans jalousie, comme très honorable et lui donnant droit au respect de tous, celui-là peut lever la tête devant n'importe qui, et si on lui demandait : « Qui vous a appris à être ainsi indépendant et fier ? » il aurait droit de répondre : « C'est Paul, le grand Apôtre ; et bien mieux, c'est Celui que Paul ne faisait qu'imiter, c'est Jésus, c'est Dieu lui-même quand il a voulu se faire homme pour montrer aux hommes en quoi consiste la vraie dignité humaine. »

NOTE I

La famille et le rang social
de « Saul de Tarse ».

Il serait intéressant pour notre étude de
pouvoir dire avec précision quelle était la
condition sociale de la famille de S. Paul.
Par malheur, si les renseignements ne
nous font pas tout à fait défaut, ils sont
cependant assez indirects ; les conclusions
qu'on peut légitimement en tirer ne s'im-
posent pas à tous à première vue, et des
critiques trop défiants pourront toujours y
soupçonner une part d'induction subjective.
Tirons-en toutefois le meilleur parti que
nous pourrons.

Nous ne connaissons ni le nom, ni aucun
trait personnel du père et de la mère de
saint Paul ; rien non plus du pays d'origine
de sa famille, à moins que nous n'admet-

tions la tradition, (impossible à vérifier, et certainement fausse sous la forme où elle apparaît dans S. Jérôme), qui la fait venir à Tarse du bourg galiléen de Giscala. Le chapitre XXIII des Actes nous présente le fils d'une sœur de l'Apôtre, qui, se trouvant à Jérusalem quand Paul fut arrêté, dénonça au tribun romain un complot fait par les Juifs contre la vie de son oncle. Mais nous ignorons si ce jeune homme habitait Jérusalem, ou s'il était venu, de Tarse ou d'ailleurs, pour fêter la Pâque ; nous ne savons pas quelle était sa condition, et même sa religion. Saint Paul, à la fin de l'Épître aux Romains, salue plusieurs membres de l'Église qu'il distingue des autres en les appelant ses *syngeneis*, mot qui se traduirait le plus naturellement « parents ». Leurs noms, *Andronicus, Herodion*, paraissent être ceux d'esclaves ou d'affranchis. Or, *syngeneis* ne signifie pas seulement « frères de race », car l'Apôtre nomme beaucoup d'autres Juifs dans le même passage, sans les qualifier ainsi ; mais il est aussi peu probable qu'il signifie « membres de ma parenté », d'autant plus que Saint Paul se sert ailleurs de ce mot comme d'un synonyme de « compatriotes ». Il faut donc croire que c'étaient des Juifs de Tarse établis à Rome, et rien de plus.

Ce que nous savons, par le témoignage de saint Paul lui-même, c'est que son père était pharisien, et citoyen romain, sans quoi son fils n'aurait pu posséder ce titre par droit de naissance (Act. xxii, 28). Il était également citoyen de la ville de Tarse (Act. xxi, 39). La langue de Paul, ce grec de conversation, familier et négligé, mais qui n'est pas incorrect, et abonde en termes employés seulement dans la société cultivée, ses quelques citations de poètes, une certaine connaissance de la philosophie de son époque, qu'il montre surtout dans le discours d'Athènes, tout cela ferait croire qu'il reçut à Tarse même une éducation hellénique suffisante. Envoyé à Jérusalem pour y devenir docteur de la Loi, il s'y distingua très vite, assez pour y devenir un des agents le plus en vue du Sanhédrin, un homme puissant, investi de missions de confiance. — Et, avec cela, saint Luc nous apprend, comme la chose la plus naturelle du monde, qu'il était tisserand.

Que conclure de ces données touchant la question qui nous occupe? D'abord, le droit de cité romaine de son père est assez significatif : ce droit mettait la famille de Paul bien au-dessus de la plupart des Juifs de la Diaspora, et de l'immense majorité des provinciaux. Vu l'époque, il faut supposer que ce titre était récent dans la famille ; il avait dû être acquis par le père ou le grand-père. Par quel moyen ? Nous n'en savons rien. A moins que ce ne fût tout simplement à la suite d'un affranchissement solennel, il faut supposer, ou bien que ce titre fut conféré en échange de services rendus aux Romains, ou bien qu'il fut acheté, comme dans le cas du tribun Lysias (Act. XXII, 28). En ces deux cas, la famille devait être influente, ou à tout le moins riche. De plus, les pharisiens appartenaient à l'aristocratie intellectuelle de la nation juive. Ces observations nous portent à juger, après Ramsay et d'autres, que Saul fut élevé dans le cercle assez fermé et exclusif d'une famille appartenant à la fois à la riche bourgeoisie des citoyens de Tarse, et au milieu encore plus fier et plus aristocratique des citoyens romains.

Comment, alors, possédait-il un métier, en dépit des préjugés gréco-asiatiques et romains ? Comme ce métier était celui de tisserand, il est probable qu'il l'apprit à Tarse même, puisque c'était là l'industrie propre de la Cilicie. On prétend l'expliquer en général par les prescriptions des rabbins sur l'éducation. Le Talmud veut que le père, non content de circoncire son fils et de lui apprendre la loi, lui enseigne un état. R. Jehouda allait jusqu'à dire : « Quiconque n'enseigne pas un état à son fils, c'est comme s'il lui enseignait le brigandage ». De plus, comme les fonctions des rabbins, en principe, étaient gratuites, il fallait, en principe aussi, à moins de posséder une grosse fortune personnelle, qu'ils eussent une autre profession pour vivre. C'est ainsi que Hillel et Aqîba auraient été très modestement casseurs de bois. Il est toutefois à supposer qu'ils ne fendaient les bûches qu'à leurs moments perdus. Et la prétendue gratuité de l'enseignement souffrit bien des exceptions en pratique ; c'est pour cela que Jésus disait à ses disciples, pour les distinguer des rabbins : « Vous avez reçu gratuitement, donnez gratuitement ». Quoi qu'il en soit, il est possible que les parents du petit Saul lui aient fait apprendre dans son enfance, en pharisiens irréprochables, un métier qui devait lui servir ensuite plus qu'ils ne l'auraient imaginé.

Il est d'ailleurs d'autres hypothèses possibles. Nous ne savons pas du tout comment vécut matériellement saint Paul dans les années qui suivirent sa conversion, et qu'il passa, au retour de Damas et du Hauran, à Tarse et en Cilicie (*Act.*, *Gal.*). Est-ce qu'il convertit sa famille ? rompit-il au contraire avec elle, fut-il exclu du milieu des siens, déshérité, et obligé alors, alors seulement, d'apprendre le métier le plus commun à Tarse, pour vivre du travail de ses mains ? C'est possible encore ; mais ce sont là des questions qui ne seront sans doute jamais plus éclaircies qu'elles ne le sont aujourd'hui.

Tout ce qui est sûr, c'est que saint Paul, par sa naissance, appartenait à une certaine aristocratie hellénistique, et que seule la grandeur de son âme explique comment, dans le monde gréco-romain, l'Apôtre a voulu être ou demeurer ouvrier, véritable ouvrier, par choix.

C. FOUARD, *Saint Paul.* — RAMSAY, *Saint Paul the traveller and the Roman citizen.* — C. CLEMEN, *Paulus, sein Leben und Wirken.* — A. DEISSMANN, *Paulus.* — E. SCHUERER, *Geschichte des jüdischen Volkes im Zeitalter Jesu Christi,* II, § 25. — H. BOEHLIG, *Die Geisteskultur von Tarsos im augusteischen Zeitalter.*

NOTE II

Sur les travailleurs dans l'antiquité.

Il n'est pas mauvais non plus de justifier, par un bref aperçu historique où les faits parleront, ce que j'ai dit sur le mépris du travail dans l'antiquité. Car, en effet, si l'on s'en tenait, pour juger les mœurs antiques, à quelques extraits de la littérature classique qui décrivent sympathiquement les labeurs agricoles ou autres, on pourrait croire que, dans un intérêt apologétique, j'ai trop forcé l'opposition entre les idées de Paul et les idées courantes à son époque.

Quoique ces idées eussent dû quelque peu changer au cours des siècles, on peut toutefois, sans remonter au déluge ni même aux vieilles monarchies d'Egypte ou de Chaldée, tenir le fil de leur évolution jusqu'à la plus haute époque qui nous offre à ce point de vue des renseignements tout à fait certains pour le monde méditerranéen ; c'est l'âge protohellénique décrit dans les poèmes d'Homère, et l'époque de la royauté romaine.

Dans ce qu'on appelle le « Haut Moyen Age » grec, après qu'Achéens et Doriens se furent définitivement établis comme conquérants en Hellade et en Asie-Mineure, l'état de la société était redevenu tout à fait patriarcal. Le roi et tous les nobles sont des propriétaires fonciers qui surveillent leurs grands domaines, et, au besoin, mettent eux-mêmes, comme le vieux Laërte, la main à leur exploitation ; ce en quoi ils se montrent déjà beaucoup plus civilisés que leurs futurs congénères celtes ou germains des environs de l'ère chrétienne. Le héros le plus batailleur ou le plus disert dans l'assemblée n'est nullement déshonoré si, pendant la paix, il se montre encore habile de ses dix doigts. Ulysse, pour se faire reconnaître de Pénélope, lui dit : « Le *travail de ce lit* est un signe certain, car je l'ai fait moi-même, sans aucun autre. Il y avait, dans l'enclos de la cour, un olivier... Tout autour, je bâtis ma chambre nuptiale avec de lourdes pierres; je mis un toit par-dessus, et je la fermai de portes solides et compactes; je tranchai au-dessus des racines le tronc de l'olivier, et je le polis soigneusement avec l'airain, en m'aidant du cordeau. Et, l'ayant troué avec une tarière, j'en fis la base du lit que je construisis au-dessus, et que j'ornai d'or, d'argent et d'ivoire; et je tendis au fond la peau pourprée et splendide d'un bœuf. » (*Odyssée*, chant XXIII, trad. Leconte de Lisle.) Le subtil héros était donc bon charpentier et même incrustateur; mais il ne vendait pas son travail à des pratiques. De ce temps-là n'existait pas encore la morgue des époques de plus haute culture vis-à-vis dés travaux « serviles ». C'est qu'il n'existait guère encore de « métiers » proprement dits. Tout ce qui a rapport à la nourriture ou au vêtement se faisait à la maison même, comme l'usage en subsista longtemps dans les gynécées grecs. Il y avait bien, pour le service des riches, des artisans spécialistes, architectes d'habitations princières, constructeurs de grands vaisseaux, fondeurs et orfèvres, qu'on faisait venir de Phénicie ou d'ailleurs en les payant très cher, et qui étaient naturellement estimés en proportion de ce qu'ils coûtaient à leurs aristocratiques employeurs. C'est ainsi que nous lisons encore dans l'*Odyssée*, xvii, 382 et suivants :

> Τίς γὰρ δὴ ξεῖνον καλεῖ ἄλλοθεν αὐτὸς ἐπελθών
> ἄλλον γ', εἰ μὴ τῶν οἳ δημιοεργοὶ ἔασιν,
> μάντιν ἢ ἰητῆρα κακῶν ἢ <u>τέκτονα δούρων</u>,
> ἢ καὶ θέσπιν ἀοιδόν, ὃ κεν τέρπῃσιν ἀείδων;
> οὗτοι γὰρ κλητοί γε βροτῶν ἐπ' ἀπείρονα γαῖαν.

Ainsi l'habile ouvrier en bois, que l'on va chercher à l'étranger, est mis sur le rang du devin, du médecin et de l'aède, « car ceux-là sont renommés d'entre les hommes sur la terre sans limites ». Et l'agriculture était aussi en grand honneur ; c'est à cet état de civilisation que se rattachent encore les poèmes hésiodiques. Mais, déjà, ceux qui n'étaient pas grands propriétaires paysans, ou artistes orientaux, c'est-à-dire les anciens habitants dépossédés, menaient, même s'ils n'étaient pas esclaves, comme mercenaires à la journée ou *thètes*, une existence misérable et méprisée. Au cours ultérieur du Moyen-Age grec, la situation des artisans baissa beaucoup, dans la mesure où la connaissance des arts manuels se vulgarisa dans la population même du pays. Car l'aristocratie se réserva alors entièrement pour la guerre et les sports, et commença à mener cette existence désœuvrée, qui, chez les Grecs comme ailleurs, passa vite pour la seule noble. Les citoyens, en général, laissèrent aux non-citoyens, fils d'étrangers ou de vaincus, toute occupation relative à l'entretien de la vie ; de là vint l'aversion toujours croissante du vrai Grec pour tout « banausisme », tout métier manuel, et aussi la surabondance des esclaves dans la plupart des cités helléniques (excepté dans la Béotie, où il y en avait encore peu au IVe siècle, en Locride et en Phocide, pays simples, où l'esclavage était encore presque inconnu au temps d'Alexandre). A Sparte notamment, la rare aristocratie des « Spartiates », descendants des conquérants doriens, et seuls détenteurs de tous les droits politiques, ne s'occupait absolument que du métier des armes, laissant toute industrie aux « Périèques », — Grecs libres, mais qui ne pouvaient devenir citoyens que pour faits de guerre, — et tout travail des champs aux Hilotes, autochtones réduits par l'Etat au plus dur esclavage. Il est vrai que, en d'autres cités, une véritable révolution sociale s'était produite du fait des progrès de la navigation. A côté de l'aristocratie terrienne, il s'était fondé par le commerce une riche bourgeoisie, aussi puissante qu'elle et presque aussi considérée; car le Grec était trop avisé pour mépriser le commerce, dans les conditions surtout où il se faisait alors ; chaque expédition commerciale favorisait l'esprit d'aventures et l'esprit guerrier, la diplomatie, l'éloquence, la curiosité intellectuelle, et contribuait à la fondation de colonies prospères. Il exista donc une nouvelle aristocratie d'argent, où de vieux nobles, tels que Solon, ne dédaignèrent pas d'entrer. Mais l'état des travailleurs manuels, malgré certaines réformes équitables et libérales comme celles du même Solon à Athènes, n'en valut pas mieux pour autant. Le nombre des prolétaires et des thètes s'accroissait continuellement du fait de la ruine des petits propriétaires ruraux exploités par les nobles usuriers. Les ouvriers proprement dits étaient encore, aux VI° et V° siècles, libres pour la plupart, à Corinthe, à Athènes. Mais la grande industrie, qui commença à se développer à la fin de cette période, les fit graduellement remplacer par des esclaves. La fabrication servile, en gros, prit tout à fait le dessus au IV° siècle; on s'en aperçoit bien à la baisse du goût, par exemple dans la céramique. En toutes ces grandes villes d'industrie dont la floraison marque l'apogée de la Grèce, Athènes, Corinthe, Milet, Délos, sans parler des villes de la Sicile et de l'Italie méridionale, la majorité des ouvriers est esclave, ou tend à le devenir, grâce à la constitution de grands ateliers, propriété des capitalistes; on ne trouve guère que des esclaves dans les mines, les carrières de pierres, ou comme matelots des flottes marchandes; les commerçants en détail aussi sont en très grand nombre de condition servile, vendant pour un maître auquel ils remettent au moins une part déterminée de leurs bénéfices. Que devenaient les travailleurs libres ? Dans les démocraties comme Athènes, ils avaient bien une part dans le gouvernement — abus intolérable aux yeux d'Aristote, qui dit dans sa *Politique*, livre III, 5 : « L'Etat, s'il est pour le mieux constitué, n'admettra jamais un artisan au nombre de ses citoyens. » Mais à part cela, leur condition est bien ce que la définit Aristote : « un esclavage limité. » Ils paraissent aux « bourgeois », du fait qu'ils travaillent de leurs mains, absolument méprisables. Platon n'est pas plus équitable pour eux qu'Aristote ; lui non plus ne voudrait pas qu'ils eussent les privilèges des citoyens, et il dit avec mépris au livre III de sa *République* : « la canaille et les artisans manuels » (τοὺς φαύλους τὲ καὶ χειροτέχνας). Il ne faut pas se faire illusion sur les textes qui nous représentent, à Athènes, tel prétendu ouvrier devenant un grand personnage de la démocratie : ainsi Cléon, le démagogue

que son ennemi Aristophane appelle le
« corroyeur », est en réalité un bourgeois
qui possède un grand atelier de tannerie,
tout comme son adversaire politique, l'a-
ristocrate Nicias, est le propriétaire de
1000 esclaves avec lesquels il exploite une
mine d'argent au Laurium. Dans les pein-
tures des vases à figures noires qui nous
représentent des ouvriers au travail, on
peut voir, dans l'atelier, assis ou debout
à une bonne place, un personnage bien
vêtu, la canne à la main comme un bourgeois en promenade, qui fait un geste
impérieux : c'est celui-là le maître ; il se
fait des revenus avec les ateliers qu'il possède ; un ennemi pourra bien l'appeler à
cause de cela « cordonnier » ou « forge-
ron », pensant lui faire ainsi un sanglant
outrage, mais il se croirait bien lui-même
déshonoré s'il maniait de ses propres mains
le marteau et l'alène. Hérodote (II, 167)
signalait déjà, comme un fait indiscutable,
ce mépris des Hellènes pour les arts méca-
niques, et se demandait s'ils n'avaient pas
emprunté cette mentalité aux Egyptiens.
Le travail manuel était donc méprisé ;

méprisé en lui-même, parce qu'il paraissait fait pour les esclaves, qui, effectivement, l'avaient en grande partie accaparé ; et aussi méprisé du seul fait qu'on s'y livrait pour servir autrui, moyennant rétribution. On croirait à peine jusqu'où était poussé ce préjugé, même chez les plus grands esprits. Aristote ne dédaigne pas seulement le travail manuel, mais le commerce, la banque et toute occupation qui sert à gagner de l'argent. Tout ce qui s'appelle « profession » semble porter avec soi une espèce de tare. Aristote lui-même semble craindre de passer pour un savant professionnel ; ne dit-il pas quelque part, comme pour s'excuser : ἔστι δὲ καὶ τῶν ἐλευθερίων ἐπιστημῶν μέχρι μέν τινος ἐνίων μετέχειν οὐκ ἀνελεύθερον (Politique, VIII, 2), c'est-à-dire : « Toucher aux sciences libérales, au moins à quelqu'une dans le nombre, ce n'est pas chose indigne d'un homme libre » ? En fait, de tous les professionnels rétribués, en dehors des orateurs judiciaires et des rhéteurs, les médecins étaient les seuls qui jouissent chez les Grecs de quelque considération ; et il n'en fut même plus ainsi

chez les Romains, où la médecine fut exer-
cée très généralement par des esclaves ou
des affranchis.

Tel était l'état des esprits au temps d'A-
lexandre. Sous les diadoques, il survient
de grands changements économiques, et,
fait curieux, le nombre des travailleurs
libres semble augmenter dans de vastes
proportions. Cela tient, dans des villles
comme Athènes, à la décadence financière
qui a commencé déjà avec les malheurs de
la guerre de Péloponèse : le nombre des
riches diminuant, l'esprit d'entreprise
baisse aussi et les citoyens affranchissent
beaucoup d'esclaves pour n'avoir plus à les
entretenir. Mais, ailleurs aussi, dans les
centres les plus florissants, comme Alexandrie où le commerce d'argent a décidément
pris le pas sur l'économie rurale et domestique, la foule des esclaves ne forme peut-
être plus la majorité des artisans. En ville,
dans les familles de la classe moyenne, il
n'y avait guère plus d'esclaves qu'il n'y a
de domestiques de nos jours ; c'était seulement dans les très grandes maisons qu'il
restait des esclaves exerçant des métiers.

A la campagne également, on trouve dans l'Égypte hellénistique relativement peu d'esclaves ruraux. C'est que les grands domaines, même les domaines royaux des Ptolémées, étaient divisés en parcelles affermées à de petits cultivateurs ou colons, à la suite de contrats qui, du reste, n'étaient pas toujours très libres, et faisaient d'eux une sorte de serfs. De même, les manufactures royales employaient le plus souvent des salariés, en état de demi-servitude. Tous les travaux publics, tout le service des fonctionnaires, étaient assurés par le système des corvées, aux dépens de la classe inférieure. Et le peuple travailleur ne gagnait pas beaucoup à ce changement. Quand les corvéables étaient payés, leur salaire demeurait bien souvent dérisoire : Ainsi les ouvriers employés aux canaux ne recevaient, en moyenne, par jour, qu'une obole, moins de dix-sept centimes. La masse des artisans était aussi méprisée et souffrante que jamais. Le grand fait social nouveau de cette époque hellénistique, c'est le développement de grandes villes, remplies d'une populace qui n'a pas de

quoi manger et qui excite à chaque instant
des troubles. L'esprit de spéculation, l'â-
preté au gain des hommes d'argent, commerçants et banquiers, avaient multiplié
les prolétaires, à qui leur liberté servait peu,
puisqu'elle dispensait les riches de les entretenir comme ils eussent fait pour leurs
esclaves. Cela fit naître de vraies guerres
civiles, en Grèce et ailleurs. La question
ouvrière fut souvent aiguë en Égypte ; l'exploitation éhontée des travailleurs, libres
ou non, et les mauvais traitements des entrepreneurs et des contremaîtres, occasion-
naient des grèves et des émeutes fréquentes,
tout comme au temps des Pharaons. Les
révoltes d'esclaves qui eurent lieu dans le
monde romain, après le temps des Gracques,
eurent vite leur contre-coup chez les Grecs ;
il y eut de graves insurrections de mineurs,
en Attique et en Macédoine ; à Pergame,
après la mort du dernier roi, le prétendant
Aristonikos trouva moyen de bouleverser le
pays en se faisant une nombreuse armée
d'esclaves et de prolétaires qui s'intitulaient
« les citoyens du Soleil ». Toutes ces tentatives de révolution sociale étaient naturel-

lement noyées dans le sang. Avec l'empire romain, il est vrai, l'ordre se rétablit en Orient, et des pays comme l'Asie-Mineure connurent une grande prospérité économique. On y vit naître dans les villes comme Thyatire, en Lydie, des corporations d'artisans puissantes, riches et bien organisées. Mais les avantages devaient en être surtout appréciables pour les entrepreneurs et chefs d'ateliers ; au-dessous, la masse des ouvriers, mal rétribués pour un dur travail, n'en tiraient guère sans doute d'autre profit que d'avoir part aux ripailles religieuses, les jours de fête de leur corporation. En Palestine même, malgré les sages maximes éparses chez les rabbins, les grands prêtres et l'aristocratie financière des banquiers, caravaniers et exportateurs de blé, faisaient des cultivateurs libres une classe de fellahs vivant sous le régime du bâton. Tout le monde du travail était mûr pour l'infernal système de l'esclavage romain. Le progrès de la civilisation avait si peu augmenté l'estime du travail que Plutarque, qui fut au II siècle un des derniers représentants du véritable esprit hellénique, parle encore plus injustement qu'Aristote et considère comme *banausique* la profession d'artiste ou de poète : malgré la beauté des œuvres de Phidias ou de Polyclète, d'Archiloque ou d'Anacréon, il juge qu'il est presque aussi indigne d'un jeune homme bien né de rêver d'être un artiste que de vouloir être teinturier ou parfumeur. (*Vie de Périclès*, chap. 1 et 2.)

L'évolution de Rome nous présente le même spectacle, mais cette fois-ci en grand, avec cette logique impitoyable qui est le propre de l'esprit romain. Au temps des rois, on n'y méprisait pas les métiers. Les vieilles chansons célèbrent comme demi-dieu l'habile armurier *Mamurius*, et, quoique nos informations soient rares sur les industries romaines, nous savons que les institutions de « Numa » consacraient l'existence de huit corporations d'artisans : les joueurs de flûte, les orfèvres, les ouvriers en cuivre, les charpentiers, les foulons, les teinturiers, les potiers et les cordonniers. A la campagne, c'était le propriétaire rural, citoyen et même patricien, qui conduisait lui-même sa charrue, et il n'est pas probable que les esclaves ou les journaliers fussent, à l'origine, employés d'ordinaire aux travaux agricoles. Le point de départ d'un changement dans les mœurs, pour ce qui regarde l'estime accordée aux artisans, est peut-être la constitution de Servius Tullius qui, réservant le service militaire aux seuls propriétaires, exclut pratiquement toute la classe industrielle de la fonction la plus honorable aux yeux des Romains. Quant aux paysans-citoyens, leur classe tout entière eut bientôt à lutter contre les accapareurs de terres sortis de son propre sein, et l'ancienne histoire de Rome est faite en grande partie de la lutte des grands propriétaires contre la masse des cultivateurs endettés et impuissants, dont l'influence, comme la considération, va baissant toujours. Le Romain pratique, âpre au gain, peu gêné par le sentiment, et n'ayant nul souci de l'élégance des moyens pourvu qu'ils soient en conformité extérieure avec la lettre de la loi, compte parmi les plus durs spéculateurs de tous les temps. La révolution républicaine n'avait été nullement démocratique, elle s'était faite au contraire

en faveur des patriciens et d'une nouvelle
noblesse plébéienne, sortie des plus riches
émigrants ; elle élargit les fossés entre les
classes sociales. Puis, à partir du Ve et du
IVe siècle, Rome eut le malheur de se mettre à l'école de Carthage dans les questions
d'économie agricole, et la cité africaine se
vengea préventivement, en y corrompant
l'état social, de la rivale qui devait la détruire. Carthage était essentiellement un
état agricole et financier, où le commerce,
très honoré, faisait affluer la fortune en
très peu de mains. La majeure partie de la
population s'y composait de prolétaires, entièrement à la dévotion de quelques riches.
Ces gros marchands, si habiles à exploiter
sans aucune pitié leurs sujets, étaient propriétaires d'immenses terrains et de milliers
d'esclaves ; mais on pense bien que, à la
différence des vieux nobles Romains, ils
ne travaillaient pas eux-mêmes ; ils ne
voyaient dans l'agriculture qu'une entreprise financière et ne dirigeaient les travaux
que par l'intermédiaire d'intendants. Or,
à Rome, dès le IVe siècle, les lois licinio-
sextiennes, qui obligent les propriétaires à

employer au travail des champs un nombre de laboureurs libres proportionné à celui des esclaves, montrent combien l'ancien état social et économique s'était profondément altéré (1). Les fermiers libres, ruinés par la concurrence et l'usure, avaient déjà besoin de la protection de l'État pour trouver encore un peu de travail, et la grande propriété, dès son apparition, se révélait basée sur le système de l'esclavage, à l'imitation sans doute des établissements carthaginois de Sicile. Malgré toutes les lois, la situation ne fit qu'empirer. Le VIe siècle de Rome voit l'établissement définitif et exclusif du système des grandes cultures et des grandes affaires. Dès l'an 131, il n'y avait plus un seul fermier libre dans toute l'Étrurie. Tout le travail des champs était fait par des esclaves ruraux, régis par des intendants, suivant le système préconisé par l'économiste carthaginois Magon. Ces esclaves étaient très maltraités et assimilés au bétail de la ferme. L'importation

(1) De pareilles tentatives se répétèrent avec un succès de moins en moins brillant jusque sous la dictature de Jules César (*Suétone*, Jules César, XLII).

des blés étrangers à bas prix avait d'ailleurs ruiné la culture nationale des céréales. Des parcs de plaisance, des oliviers, des vignes, des pâturages occupent toute l'étendue des *latifundia*, et le travail servile les met seul en valeur. C'est la ruine définitive de la classe agricole libre ; elle disparaît malgré les efforts faits par l'État pour la ressusciter en distribuant des lots de terre aux vétérans après les guerres heureuses ; la chose se fit encore après les guerres civiles des triumvirs, mais ces tentatives ne réussirent pas mieux que celle d'Auguste pour restaurer la religion nationale ; les Bucoliques et les Géorgiques de Virgile, malgré leur succès littéraire, ne donnèrent probablement pas à un seul Romain le désir d'aller vivre à la manière ancestrale, parmi les laboureurs et les bergers.

Et qu'était-il advenu du travail urbain ? Dès le IIIe siècle à Rome, les clients, mendiants, parasites, anciens esclaves, dominent la foule des citoyens non capitalistes, qui se voient pratiquement interdite presque toute occupation lucrative. En effet, non seulement les esclaves sont employés exclusivement, ou à peu près, dans les mines et les manufactures ; mais ils sont architectes, marins, commerçants au bénéfice d'un maître, douaniers, commis de banque ; aux environs de notre ère, ils ont envahi jusqu'aux carrières « libérales », le professorat, la médecine, exception faite pour la profession d'avocat. La lutte séculaire du capital contre le travail libre avait fini par la ruine définitive de ce dernier. Les capitalistes avaient transformé le reste de leurs compatriotes en esclaves ou en mendiants. On devine comme cette société pouvait estimer tout travail qui n'était pas spéculation financière. Le vieux préjugé qui faisait considérer comme honteux de recevoir un salaire en échange du travail devenait un dogme, du fait qu'on voyait le travail, même sous ses formes élevées, exercé par des gens de condition et de caractère serviles. Non seulement on méprisait tous les citoyens qui voulaient travailler, mais on les affamait. Car le système leur enlevait toute clientèle. En effet, il était devenu de règle que, dans une maison bien ordonnée, le maître ne devait rien acheter au dehors,

et trouvait chez lui de quoi entretenir tout
son monde ; ses propriétés rurales, en Italie ou à l'étranger, lui fournissaient le vivre, et ses maisons de ville contenaient des
ouvriers de tout métier, tous affranchis ou
esclaves. Non seulement les riches se fournissaient dans leurs propres magasins, mais
c'étaient ceux-ci encore qui vendaient à la
plèbe. L'accaparement était absolu ; et le
système romain, grâce aux opérations des
traitants qui remplissaient l'empire, se ré-
pandait dans tout le monde civilisé. Voilà
comment, au temps de saint Paul, « ouvrier » était devenu à peu près synonyme
d'esclave. Mais ce terme lui-même d'esclave, que signifiait-il ?

NOTE III

Sur la condition des esclaves
au temps de saint Paul

L'esclavage, né de la loi du plus fort au milieu des sociétés barbares, est toujours en soi un outrageant défi à l'humanité. Mais la situation des esclaves a été plus ou moins intolérable suivant les pays et suivant les époques. Au temps du Moyen-Age grec, où chacun pouvait s'attendre à ce que le hasard d'une guerre ou d'un siège le réduisît un jour à la servitude, l'esclave était souvent tout à fait du même « monde » que le maître qui, en théorie, possédait sur lui tous les droits, y compris celui de vie ou de mort. Eumée, le « divin porcher » d'Ulysse, nous raconte comment, fils d'un très riche citoyen des îles, il avait été enlevé et vendu par de traîtres mar-

chands phéniciens. Et si l'esclave, après
avoir été conquis par le glaive, se résignait
à son sort, il pouvait souvent entrer dans
l'intimité la plus affectueuse, dans la famille
même, de son possesseur. Il en est encore
de même en certaines sociétés primitives,
par exemple chez les Arabes. La condition
des esclaves empira ensuite avec l'augmen-
tation de leur nombre et le progrès de la
civilisation matérielle. Nous avons vu
comme ils étaient nombreux à Athènes. Là,
pourtant, leur sort était préférable à celui
des esclaves d'autres pays, sans aller chercher jusqu'aux Hilotes : les Athéniens se
glorifiaient, comme d'une grande preuve de
leur humanité, de ce que la loi ne permet-
tait pas chez eux aux maîtres de mettre à
mort leurs esclaves de leur autorité privée.
A l'époque hellénistique, où, comme nous
l'avons vu, les esclaves paraissent avoir été
moins employés et moins dépréciés, leur
honneur personnel était pourtant bien peu
respecté ; par exemple, en Égypte, les femmes esclaves étaient tellement condamnées
par la coutume à servir de concubines à
leur maître qu'on a pu parler de polyga-

mie chez les Grecs de ce pays-là. Mais le pire, et de beaucoup, se réalisa encore à Rome et dans le monde de l'empire romain.

Le système de l'esclavage sous sa forme la plus parfaite, si l'on peut parler ainsi, était né là, comme à Carthage, de la domination absolue du capital. Les Romains avaient besoin de tant d'esclaves, et, dans les rangs de leurs esclaves, les mauvais traitements causaient une telle mortalité que ni les prisonniers de guerre, ni l'exposition des enfants nouveau-nés, cet odieux abus du droit paternel qu'autorisait la loi antique, ne purent toujours suffire à la demande. Alors, aux derniers siècles de la République, se généralisa la chasse à l'homme, l'industrie de la traite des blancs, surtout des Asiatiques. Les corsaires crétois ou ciliciens, qui ne furent supprimés que par Pompée, ravagèrent à cette fin les îles grecques, les côtes d'Anatolie et de Syrie, et purent aller le front haut, comme de bons négociants quelconques, écouler leur marchandise sur le marché de l'île sainte de Délos, où l'on vendit une fois dix mille esclaves en un seul jour. Les magistrats romains, loin de le réprimer, encourageaient sous main cet honnête trafic, pour plaire aux gros traitants de qui dépendait leur carrière. Les fermiers du revenu public se faisaient livrer tant d'esclaves par les pays vassaux ou alliés, que le roi de Bithynie, en 103, put se plaindre qu'on eût ainsi dépeuplé ses états. Cette malheureuse population servile ne se résignait pas toujours à son sort. Au IIe siècle, il y eut au marché même de Délos, et dans les mines de l'Attique, de sanglantes insurrections qu'il fallut réduire par les armes. En Sicile surtout éclatèrent, depuis l'an 134, ces atroces guerres serviles où l'on vit jusqu'à 70.000 esclaves rangés en bataille ; elles n'aboutirent qu'à des exterminations et à la réduction en servitude, par les spéculateurs romains, de nouvelles fournées d'hommes libres. Ces mouvements de révolution sociale furent couronnés en Italie par la terrible révolte et le sanglant échec de Spartacus (72 av. J.-C.). Puis les esclaves semblent avoir perdu tout espoir de rien changer au système, qui, dès lors, domina le monde sans contradiction.

Quelle était la situation de ces malheureux, privés de tout droit civil et domestique, et qui ne pouvaient même s'amasser un pécule, ni cohabiter avec leur femme, que si leur maître le voulait bien ? L'ensemble de la législation resta très dur à leur égard jusqu'à l'époque des Antonins. Gaius reconnaît encore au maître le droit de vie et de mort sur ses serviteurs ; et longtemps ce droit put s'exercer d'une façon toute discrétionnaire. C'est un lieu commun de parler de ce Vedius Pollius qui, pour un vase brisé, envoyait le corps de ses esclaves engraisser les murènes de son vivier. Il fallut attendre jusqu'à Auguste pour que la loi Petronia interdît de jeter sans motif les esclaves aux bêtes, dans les jeux publics. On leur donna aussi le moyen de faire entendre leurs réclamations au préfet de la ville. Pourtant, c'est sous le même Auguste qu'un sénatus-consulte enjoignit de livrer désormais à la torture et au supplice tous les esclaves qui se seraient trouvés sous le même toit que leur maître, une nuit où celui-ci aurait été assassiné. Cette loi sanguinaire fut appliquée au temps de saint

Paul, sous Néron, lors du meurtre de Pedanius Secundus ; la plèbe de Rome vit, non sans indignation, conduire d'un coup quatre cents esclaves à la mort. Qu'on lise aussi tous les traits de barbarie des propriétaires rapportés et flétris par Sénèque, par Juvénal. Ce n'étaient là, je le veux bien, que des faits exceptionnels ; mais l'autorité et la société polie les connaissaient et les toléraient, pour ne pas apporter d'entraves à l'exercice du droit de propriété.

Pour apprécier la situation d'ensemble des esclaves au temps de saint Paul, il faut distinguer ceux des villes et ceux de la campagne.

Dans chaque maison urbaine, on trouvait un nombre d'esclaves tout à fait disproportionné au besoin. Les plus pauvres plébéiens, ou affranchis, voulaient au moins en avoir un. Un homme qui débuta dans la gêne, M. Scaurus, n'hérita de son père qu'une somme d'à peu près 7000 francs, et avec cela..... dix esclaves ! Le poète Horace, épicurien au train fort modeste, en avait trois pour lui servir ses pois-chiches. Quant aux riches patriciens et chevaliers, c'est par milliers qu'ils les comptaient. Quelques-uns, comme précepteurs, médecins, commis principaux, pour ne parler que des services honnêtes, pouvaient approcher de très près de la personne du maître, et, s'ils trouvaient un maître humain ou facile à dominer, devenir soit ses amis, soit ses conseillers ou même ses tuteurs. On connaît la domination, d'ailleurs si néfaste à l'empire, des affranchis de Claude. Mais la plupart, livrés à des intendants cupides, à peine connus de leur propriétaire, n'avaient aucun espoir d'entretenir avec lui aucune relation cordiale. Leur nombre excessif les livrait naturellement au désœuvrement. Et comme la condition servile produit des caractères serviles, cette armée d'intrigants favorisait, non seulement la paresse, mais toutes les passions des maîtres ; ce fut là une des grandes causes de la perte des vieilles vertus romaines. Comment d'ailleurs pouvaient-ils se nourrir, dans les familles peu aisées, à moins de recourir à mille petites industries, avouables ou non ?

Mais les esclaves ruraux étaient bien plus

à plaindre encore que ceux de la ville. Le jour on les faisait travailler les fers aux pieds, la nuit on les enfermait dans la prison de l'*ergastule*, coutume introduite sans doute à l'imitation de ce peuple mercantile et sans entrailles qu'étaient les Carthaginois. Au IIe siècle, Pline le Jeune, homme doux et humain, se loue de ne pas faire travailler ses esclaves les fers aux pieds, de les bien loger, de les soigner dans leurs maladies, de les autoriser à faire leur testament (Plin. jun. epp. II, III, VIII). Mais puisqu'il s'en glorifie, c'est que de telles mesures étaient loin d'être générales, même au siècle des stoïciens et des bons empereurs. Ce n'était que par faveur qu'un esclave était traité humainement.

Les esclaves de l'industrie n'étaient pas plus heureux que ceux des fermes. Qu'on songe, par exemple, à un de ces grands moulins comme il en est décrit dans l'*Ane d'Or* d'Apulée, où à longues journées, sous le fouet du surveillant, des êtres humains tournent pour mouvoir les meules, absolument comme des bêtes de somme ! Le travail des mines et des carrières, (où l'on envoyait aussi beaucoup de condamnés), était le plus cruel de tous.

En évaluant le nombre des esclaves aux deux tiers des habitants de l'empire, nous n'avons pas cru exagérer. Un bourgeois modeste en possédait au moins cinq ou six, et, dans la seule ville de Corinthe le chiffre de la population servile, au Ier siècle, était évalué à près de cinq cent mille âmes.

Jamais les philosophes, malgré les abus qu'ils déploraient, n'ont parlé de supprimer l'esclavage, tant cette institution leur semblait nécessaire, ou impossible à détruire. Sans doute on trouve chez les meilleurs d'entre eux des conseils d'humanité donnés aux maîtres. Ni Platon, ni Aristote n'approuvent qu'on maltraite physiquement ou moralement les esclaves, pour des prétextes futiles. Les stoïciens déclarèrent avec force que les esclaves, étant des hommes, devaient être traités en hommes. Platon avait autrefois recommandé une justice parfaite à leur égard ; Sénèque, lui, va jusqu'à les appeler « nos humbles amis » (Ep. 47). La religion, surtout dans le syncrétisme oriental, était assez accueillante pour eux. Leur situation s'améliora au IIe siècle du fait qu'il leur fut permis d'entrer en de nombreuses associations religieuses ou ouvrières, où parfois ils remplissaient des charges. Enfin la législation tint compte de cet adoucissement des mœurs. Mais quelle est la part latente qui, en tout cela, pouvait revenir au christianisme, déjà fort répandu?

Saint Paul, lui, ne s'était pas contenté de donner aux maîtres des conseils d'humanité et de modération. Il s'était adressé directement aux esclaves, pour leur faire bien sentir qu'ils étaient des personnes, non des choses; qu'ils n'appartenaient qu'au Christ, à qui maîtres et esclaves doivent rendre le même compte un jour; qu'ils avaient une conscience, et par conséquent ne pouvaient, dût-il leur en coûter la vie, se faire les complices des injustices, de la superstition et de la lubricité de leurs possesseurs temporaires. Et comme ils étaient condamnés au travail « servile », l'Apôtre, par son exemple comme par ses préceptes, leur fit voir que le travail « servile » est une occupation qui, de soi, n'avilit pas, mais peut au contraire nous grandir.

Pour l'avenir de la civilisation européenne, il y avait plus de choses dans les quelques lignes du billet à Philémon que dans toutes les maximes des philosophes.

Notes II et III. — On peut consulter : BAUMGARTEN, WAGNER et POLAND. *Die hellenische Kultur.* — Les mêmes : *Die hellenistisch-rœmische Kultur.* — MOMMSEN, *Histoire romaine*, et en général toutes les histoires grecques et romaines, récentes et scientifiques. — H. BLUEMNER, *Technologie und Terminologie der Gewerbe und Künste bei Griechen und Rœmern.* — WALLON, *Histoire de l'esclavage dans l'antiquité.* — G. BOISSIER, *La religion romaine d'Auguste aux Antonins*, III, c. 4. — Œuvres de FLAVIUS JOSÈPHE. — SCHWALM, *La vie privée du peuple juif à l'époque de Jésus-Christ.* — GOMPERZ, *les Penseurs de la Grèce*, passim. — MARQUARDT, *La vie privée des Romains.* — P. ALLARD, *les Esclaves chrétiens*, etc., etc.

TABLE DES MATIÈRES

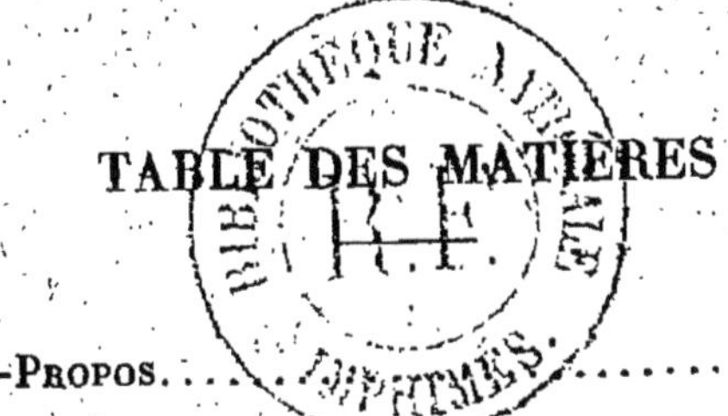

LIGUGÉ (Vienne). — Imprimerie E. AUBIN.